Landry Fokam Glaubemann

AF138986

Lohn der Dankbarkeit

Bibliografische Information der Deutschen Nationalbibliothek: Die Deutsche Nationalbibliothek verzeichnet
diese Publikation in der Deutschen Nationalbibliografie;
detaillierte bibliografische Daten sind im Internet über
www.dnd.de abrufbar.

1. Auflage
Copyright November 2014: Landry G. Fokam
www.glaubemann.de
Tel: 0162 5207677

Herstellung und Verlag:
BoD – Books on Demand, Norderstedt
Design : Leonie Cappello
Übersetzung: Nina Kayo-Tsumbu
Lektorat: Helga Kaden

ISBN: 978-3-7386-0584-6

Widmung

Ich widme dieses Buch:

➤ dem Herrn Jesus Christus, dem Fürst des Friedens.

➤ meiner wunderbaren Frau Helga. Danke dir, meine Schöne, du bist ein Geschenk Gottes! Du hast mich in Höhen gebracht, von denen ich nie gewusst habe, dass sie existieren. Du hast mir geholfen, Möglichkeiten zu sehen, von denen ich nie geträumt hatte, sie je zu sehen.

➤ Merlin Carothers, der mir durch seine Bücher beibrachte, wie man Danke sagt.

➤ meinen lieben Eltern Elisabeth und Jean Fokam.
Danke für die vielen Jahre, in denen ihr mir beibrachtet, wie man Gott dankbar ist. Danke für alle eure Opfer für mich! Ihr seid eine der größten Gaben Gottes in meinem Leben und für die nachfolgenden Generationen.

➤ meiner Tochter Biagnessi-D, die täglich lernt, Gott zu danken.

FSC
www.fsc.org

MIX

Papier aus ver-
antwortungsvollen
Quellen
Paper from
responsible sources

FSC® C105338

Inhalt

Rezensionen

Landry schreibt aus der Überzeugung seines Herzens und von den authentischen Erfahrungen über ein Leben in der Gemeinschaft mit dem Herrn. Seine Leidenschaft für Danksagung und Lobpreis kommt aus der tiefen Gewissheit über die Liebe, Gnade und Güte Gottes. Er ist von der Wichtigkeit der immerwährenden Danksagung und Freude überzeugt, weil er weiß, dass er ein geliebter Sohn des Vaters ist, der nur gute Absichten für seine Kinder hat und alles zum Guten zusammenfügt.

Wir kennen Landry seit fünf Jahren und er hat eng mit uns im Leiterschaftsteam zusammen gearbeitet. Wir haben die Realität von Jesu Liebe und Freude in seinem Leben gesehen, durch die Kraft des Heiligen Geistes, in jeder Situation. Danksagung ist ein authentischer Teil seines Lebens und wir wissen, dass er sich an dem Segen und der Belohnung, die daraus resultiert, erfreuen wird. Möge sein Zeugnis und dieses Buch dich inspirieren.

Helmut & Veda Schneider
Älteste der Gemeinde Jesus der Weg – Freie christliche Gemeinde München, Deutschland

„Lohn der Dankbarkeit" ist ein frischer Hauch in einer Welt, in der die Menschen dazu neigen, sich über alles zu beschweren. Sorgfältig und überzeugend geschrieben von Landry ist der grenzenlose „Lohn der Dankbarkeit". Dieses Buch ist ein absolutes Muss und Ihr Leben wird reichlich gesegnet sein, wenn Sie diese zeitlose Wahrheit anwenden und Gott Dank sagen allezeit.

Godlove Ngufor
Gründer von Empowering Potential Inc. Calgary, Kanada.

Ich habe verschiedene Autoren gelesen und verschiedene Prediger und Pastoren gehört, die über Dankbarkeit geschrieben und gesprochen haben, aber „Lohn der Dankbarkeit" ist das einzige Buch, das ich wirklich genossen habe und wodurch ich gesegnet wurde. Die Besonderheit des Buches ist, dass der Autor anregt, dem Herrn in jedem Bereich unseres Lebens zu danken, und er uns zeigt, wie wir es tun können. Ich genieße die praktische Seite dieses Buches. Meiner Meinung nach müssen alle Christen dieses Buch lesen, um besser zu lernen, wie und warum man dem Herrn dankt.

Sime. T.

„Wenn irgendjemand Ihnen den kürzesten, sichersten Weg zu allem Glück und zur Vollkommenheit sagen möchte, muss er Ihnen sagen, dass Sie es sich zur Regel machen müssen, Gott für alles zu danken und zu loben, was mit Ihnen auch geschieht. Denn es ist sicher, dass was auch immer Ihnen als scheinbares Unglück passiert, wenn Sie Gott dafür danken und loben, verwandeln Sie es in Segen." (1)

William Law

Einleitung

Als Kind habe ich gelernt, durch die Hilfe meiner älteren Schwester danke zu sagen. Sie hatte die Gewohnheit, wenn sie Essen kochte und uns etwas davon gab, erwartete sie, dass wir „Danke" sagen. Ansonsten würde sie das Essen wieder wegnehmen. Dies hatte Auswirkungen auf mein ganzes Leben. Ich bin Gott dankbar für sie. Und für meine Mutter, die sogar mehr auf den Teller legte, wenn man „Danke" sagte.

Ich glaube, Sie können sich in solchen Geschichten wiederfinden, wo Sie als Kind mehr bekommen haben, wenn sie „Danke" sagten. Warum ist es so einfach, jetzt da Sie Christ sind, jene Gewohnheit zu vergessen? Es ist schwierig für eine Person mit einem dankbaren Herzen, in der Zeit des Kummers hilflos zu sein. Gott schenkt immer mehr Segen in unser Leben! Warum vergessen wir, dass auch Er, als König und Vater sich danach sehnt, diese Worte von uns zu hören: „Danke Herr, mein Gott"?

Wir haben die Tür für den Segen Gottes in unserem Leben zugemacht, weil wir vergessen haben, dafür dankbar zu sein, was wir bereits haben. Es ist einfach zu sagen, dass Sie nichts haben, wofür Sie dankbar sein können. Sind Sie nun bereit die Macht Gottes in Ihrem Leben zu erleben, wenn Er seinen Segen auf Grund Ihres dankbaren Herzens fließen lässt? Haben Sie sich jemals gefragt, wie es möglich ist, dass es in dieser Generation mehr Millionäre und gesündere Menschen gibt, aber immer noch unzufriedene und undankbare Menschen vorhanden sind? Nachdem wir das Geschenk der

Erlösung empfangen haben, sollte unser tiefster Wunsch sein, Gott dankbar zu sein. Er hat uns Jesus Christus gegeben, der uns vom ewigen Tod errettet hat und uns zu Seinem Königreich gemacht hat, um seine Kinder zu sein. Wenn wir vergessen, wer uns errettet hat und warum wir errettet sind, ist es normal, undankbar zu sein. Nun, wenn Sie Ihr eigenes Herz und Leben betrachten, werden Sie sehen, wie sehr Gott Sie liebt.

Gott will uns sagen hören: „DANKE".

Während Sie dieses Buch lesen, kommen Sie in einen Abschnitt Ihres Lebens hinein, in dem Sie immer „DANKE" sagen.

Meine Geschichte

„Solange wir die Macht der Güte Gottes nicht erfahren haben, können wir in dieser Welt nicht glücklich sein. Seine Güte aber werden wir nur dann verstehen, wenn wir uns darin üben, was er von uns erwartet, nämlich: Seid dankbar in allen Dingen; denn das ist Gottes Wille für euch in Christus Jesus.“ (2)

Merlin Carothers

Vor einigen Tagen geschah etwas. Ich wurde wütend, während ich über eine schlimme Situation nachdachte. Es ist meine Gewohnheit, Dinge in meinem Herzen zu behalten, über sie nachzudenken und nichts darüber zu sagen, bis ich eine Lösung gefunden habe. Während dieser Zeit fragte mich meine Frau, ob alles in Ordnung sei und ob es mir gut ginge. Ich sagte: „Alles ok, ich denke nur nach." Aber als sie mich ansah, wusste sie, dass etwas nicht in Ordnung war, weil ich total in meinen Gedanken verloren war. Ich war den ganzen Tag lang tief in Gedanken versunken. Um mir diese schlechte Gewohnheit, die ich während meiner Kindheit entwickelt hatte, abzugewöhnen, beschloss ich fortan, Gott zu loben, anstatt wütend zu sein.

Es war ein wunderbares Privileg für mich, dass ich solch eine tolle Idee hatte. Ich begann sofort damit dieses Thema – Dankbarkeit - näher zu erforschen. Ich wollte auf jeden Fall die Heilung dieser emotionalen Dürre.

Durch die Gnade Gottes entdeckte ich viele Dinge beim Lesen und begann, Dankbarkeit und Lobpreis als Lebensstil anzunehmen. Die Erfahrungen, die ich dabei sammelte, will ich Ihnen in diesem Buch mitteilen.

> Sie loben Gott nicht, um Ihn zu manipulieren; aber Sie loben Ihn, weil Sie glauben, dass Er Sie mehr liebt als irgendjemanden und Sie wissen, dass Er sich um Sie mehr sorgt als um irgendjemand anderen.

Gott ist so gut. Sein Ziel ist es, uns jeden Tag gute und wunderbare Gaben zu geben. Der innere Frieden, den einige Christen heute haben, basiert auf der Tatsache, dass sie auf die Liebe Gottes vertrauen und ihnen bewusst ist, dass der Teufel seine Macht gegen sie verwendet. Sie wissen aber auch tief im Inneren, dass die Macht Gottes größer ist als die des Teufels. Sie wissen, dass Gott auf Gebete antwortet und dass Er für sie kämpft. Sie wissen, dass Er sich sorgt, egal wie schlecht ihr Verhalten gewesen ist. Christen wissen, dass Gott heilt und sie von allen Arten der Sucht befreien wird. Sie wissen, dass Er Seinen Willen vollenden wird und für ihr Leben sorgen wird, so dass sie auf Gottes Wegen weiter wandeln können. Wenn Sie anfangen, dem Herrn Dank zu sagen, wissen Sie nicht genau, wie Er handeln wird! Aber Sie brauchen nur zu glauben und zu vertrauen, dass Er Sie da hindurch begleiten wird.

Nach unserer Hochzeit mieteten meine Frau und ich ein Haus und wir hatten eine Nachbarin, die unzufrieden war, dass wir dort lebten. Aus keinem triftigen Grund, allein wegen der Tatsache, dass ich schwarz bin und meine Frau weiß ist, fing sie an, sich seltsam zu benehmen, um ihren Ärger auszudrücken. Angesichts dieser Situation begannen wir, Gott für unsere Nachbarin zu danken und sie zu segnen. Es dauerte zwei Jahre, bis sich ihr Verhalten uns gegenüber geändert hatte, weil Gott in unserem Interesse arbeitete. Heute können wir sogar einander grüßen, wenn wir uns treffen! Das war früher unmöglich, weil sie nicht antwortete oder ihre Verachtung zum Ausdruck brachte.

Gott ist ein großer Gott und Er wird nie aufhören, Lobpreis und Dankbarkeit als Waffe im Leben seiner Kinder zu verwenden. Wir haben uns so sehr daran gewöhnt, Gott um Dinge zu bitten, so dass wir vergessen haben, Ihm für alle Situationen zu danken, egal wie schwierig sie auch sind. Es ist erstaunlich, was Gott in Ihrem Leben tun wird, wenn Sie diese Reise des Lobpreises und der Dankbarkeit antreten. Sie loben Gott nicht, um Ihn zu manipulieren; aber Sie loben Ihn, weil Sie glauben, dass Er Sie mehr liebt als irgendjemanden und Sie wissen, dass Er sich um Sie mehr sorgt als um irgendjemand anderen. Wer oder welcher Mensch glauben Sie, liebt Sie so sehr? Selbst wenn Sie keinen haben, der Sie liebt, sollten Sie dies wissen.

Der Herr Jesus Christus liebt Sie sehr und sorgt sich um Sie mehr, als Sie sich vorstellen können. Darum will ich in diesem Buch über Dankbarkeit und Lobpreis als Lebensstil sprechen. Ich möchte die Leser dieses Buches dazu auffordern, Gott mindestens für 30 Tage zu danken.

Wenn Sie anfangen, Gott zu danken, bitte teilen Sie dieses Buch mit denjenigen, die erfahren müssen, dass Dankbarkeit einen enormen Einfluss in ihrem Leben haben kann.

Ein Missionar wurde einmal außerordentlich entmutigt. Er wusste, dass seine Arbeit nicht fortschritt, wie sie sollte. Eines Tages, während er einen anderen Missionar besuchte, sah er ein Motto an der Wand: „Versuchen Sie Dankbarkeit!" Es war ein Stich in seine Seele. Er bemerkte plötzlich, dass dieses Element in seinen Gebeten größtenteils fehlte. Die meiste Zeit bat er Gott für Dinge, die er wollte und brauchte. Manchmal hatte er verzweifelt um etwas gebeten, aber er hatte vergessen, sich bei Ihm zu bedanken für das, was er erhalten hatte.

So begann dieser Missionar, seine Segnungen aufzuzählen und sein Herz voller Dankbarkeit auszuschütten. Auf einmal begann die Macht des Heiligen Geistes ihn zu durchdringen und die Arbeit an seinem missionarischen Zentrum fing an aufzublühen. Sein Mangel an Dankbarkeit hatte die Arbeit des Heiligen Geistes gedämpft und behindert. Sind Sie derselben Sünde schuldig?

„Eine undankbare Person ist jemand, der nicht an der Gnade Gottes teilhat. Wenn Sie undankbar sind, können Sie nicht an der Gnade Gottes teilhaben." (3)
Derek Prince

Jesus und Dankbarkeit

Es ist sehr interessant zu wissen, dass einige Wunder im Neuen Testament geschahen, nur weil Jesus oder jemand Dank sagte. Lasst uns drei große Wunder anschauen und von ihnen lernen!

1. Die Speisung der 5000

*Danach kam Jesus an das andere Ufer des galiläischen Meeres, das man auch See von Tiberias nennt. Eine große Menschenmenge folgte ihm, weil sie gesehen hatte, wie er Kranke heilte. Zusammen mit seinen Jüngern ging Jesus auf eine Anhöhe, und dort setzten sie sich. Das jüdische Passahfest stand kurz bevor. Als Jesus die vielen Menschen kommen sah, fragte er Philippus: "Wo können wir für alle diese Leute Brot kaufen?" Er fragte dies, um zu sehen, ob Philippus ihm vertraute; denn er wusste, wie er die Menschen versorgen würde. Philippus überlegte: "Wir müssten 200 Silberstücke ausgeben, wenn wir für jeden auch nur ein kleines Stückchen Brot kaufen wollten." Da brachte Andreas, der Bruder von Simon Petrus, ein Kind zu ihnen: "Hier ist ein Junge, der hat fünf Gerstenbrote und zwei Fische mitgebracht. Aber was ist das schon für so viele Menschen!" Jetzt forderte Jesus die Jünger auf: "Sagt den Leuten, dass sie sich hinsetzen sollen!" Etwa fünftausend Männer lagerten sich auf dem Boden, der dort von dichtem Gras bewachsen war. Dann nahm Jesus die fünf Gerstenbrote, **dankte Gott dafür** und ließ sie an die Menschen austeilen, ebenso die beiden Fische. Jeder bekam so viel, wie er wollte. Als alle satt waren, sagte Jesus zu seinen Jüngern: "Sammelt die Reste ein, damit nichts verdirbt!".*
Johannes 6,1-12 Hoffnung für Alle *[eigene Hervorhebung]*

Hier ist der Herr Jesus Christus, der nach seiner Predigt und Lehre nur ein Bedürfnis hat: die Menschen satt zu machen, die Ihm zuhörten. Sie brachten nichts zu essen mit und es gab weder ein chinesisches Restaurant, noch Burger King oder McDonalds. Diese Leute sollten gesättigt werden. Aber für Gott gibt es immer einen Weg, Wunder in unserem Leben zu tun. In dieser Situation gab es einen Jungen, der fünf Laibe Brot und zwei Fische hatte. War dies zur Ernährung von 5000 Menschen ausreichend? Erinnern Sie sich, dass nur die Männer damals aufgezählt wurden. Daher nehmen wir an, dass es mehr als 5000 Personen gab, wenn wir Frauen und Kinder einschließen.

Ich glaube, dass jeder berechnen kann, dass 5 Laibe Brot genau 1/1000 der anwesenden Personen ergeben. Aber für Jesus Christus, den Herr der Herren, war es keine Herausforderung, weil er wusste, dass Gott noch Wunder tut. Er nahm diese Laibe Brot und **dankte Gott** und verteilte sie. Er tat das Gleiche mit den Fischen. Wie kann Jesus in solch einer Situation so ruhig sein und bloß Gott Dank sagen?

Dies ist die Botschaft, die wir von dieser Geschichte erhalten: Egal wie schlecht die Umstände sein mögen, Gott kann die Pforten des Himmels öffnen, wenn Sie dankbar sind für jede Kleinigkeit, die Sie sehen.

Ich glaube, dass viele Leser dieses Buches nicht wissen, wie sie morgen leben werden, noch wie sie ihre Familie ernähren können. Ist es nicht interessant zu wissen, dass Gott mit dem Wenigen, das Sie haben, ein Wunder tun kann, um mehr Menschen zu ernähren, als Sie glaubten? Ist es nicht erstaunlich, dass Gott mit Ihnen den nächsten Schritt in Ihrem Leben gehen will? Können Sie daran glauben, dass Er wunderbare Dinge in Ihrem Leben tun kann, sobald Sie anfangen, Ihm

Dank für die wenigen Dinge zu sagen, die Sie bereits sehen bzw. erkennen? Warum nicht jetzt damit beginnen?

Es gibt zumindest das Geschenk der Erlösung, wofür Sie sich bei Gott jetzt bedanken können, und Sie können immerhin für die kleinen Dinge, mit denen Sie sich beschäftigen, dankbar sein.

Es gibt Situationen, denen Sie ausgesetzt sind oder gegenüberstehen werden. Danken Sie dafür und erleben Sie, wie Gott Ihretwegen zuhört und handelt, mehr als Sie sich vorstellen können!

2. Jesus heilt 10 Leprakranke

Und es geschah, als er nach Jerusalem reiste, dass er mitten durch Samaria und Galiläa ging. Und als er in ein Dorf einzog, begegneten ihm zehn aussätzige Männer, die von fern standen. Und sie erhoben ihre Stimme und sprachen: Jesus, Meister, erbarme dich unser! Und als er sie sah, sprach er zu ihnen: Geht hin und zeigt euch den Priestern! Und es geschah, während sie hingingen, wurden sie gereinigt. Einer aber von ihnen kehrte zurück, als er sah, dass er geheilt war, und verherrlichte Gott mit lauter Stimme; und er fiel aufs Angesicht zu seinen Füßen und **dankte ihm***; und das war ein Samariter. Jesus aber antwortete und sprach: Sind nicht die Zehn gereinigt worden? Wo sind die Neun? Haben sich sonst keine gefunden, die zurückkehrten, um Gott Ehre zu geben, außer diesem Fremdling? Und er sprach zu ihm: Steh auf und geh hin! Dein Glaube hat dich gerettet.*
Lukas 17,11-19 Elberfelder *[eigene Hervorhebung]*

Der obige Text zeigt, dass Jesus Christus im Leben der 10 Leprakranken ein Wunder vollbrachte. Er war auf dem Weg nach Jerusalem; Er ging durch die Städte Samaria und Galiläa. Dort standen 10 Aussätzige in der Ferne und schrien zu Jesus um Hilfe. In der jüdischen Kultur war Lepra eine Krankheit, die als Strafe für eine begangene Sünde betrachtet wurde oder wenn der Kranke etwas getan hatte, das Gott nicht wohlgefällig war (siehe den Fall von Miriam, Moses' Schwester). Diejenigen, die diese Krankheit hatten, wurden aus der Gesellschaft vertrieben und hatten keinen Kontakt zu anderen Menschen. In unserer heutigen Gesellschaft können Sie viele Bettler entlang der Straße sehen. Wir müssen zugeben, dass es auch heute immer noch schwierig ist, anzuhalten und jemandem Aufmerksamkeit zu schenken, der einer niedrigeren sozialen Schicht angehört oder aber in ernster Notlage ist. Aber diese Leprakranken hörten nicht auf zu schreien, weil ihre Not größer war als das, was andere vielleicht über sie dachten.

Ich glaube, Ihre Not oder die Not einer anderen Person ist so groß, dass Sie an der Stelle nicht aufhören wollen Gott darauf aufmerksam zu machen! Vielmehr werden Sie weiter qualvoll weinen und beten, bis Gott eingreift. Und der liebevolle Gott, der den Schrei seiner Kinder hört, wird eingreifen.

Als Jesus diese Aussätzigen sah, betete er nicht für sie, sondern schickte sie zum Priester. Und weil sie an Jesus Christus glaubten, dass er sie heilen konnte, gehorchten sie ihm. Auf dem Weg zum Priester sahen sie, wie sie rein wurden. Was danach geschah, ist sehr interessant. Es waren zehn Aussätzige, aber nur einer kehrt zu Jesus Christus zurück. Ist es nicht seltsam, wie unser Herz Gott gegenüber so hart sein kann, nach allem, was Er schon für uns getan hat? Nur sehr wenige kehren wirklich zu Gott nach ihren Gebetserhöhungen zurück. Die wenigen, die es tun, erhalten etwas Besonderes von Gott. Dieser fiel auf sein Gesicht und begann, Jesus für das Wunder zu danken. Er erkannte Jesus Christus als die Quelle dessen, was geschehen ist, und wusste, dass es wichtig ist, die Ehre dem Gott zu geben, dem das Lob gebührt. So demütig war er. Er wusste, dass er nun nicht mehr von der Gesellschaft abgelehnt werden würde, weil der Hohepriester Jesus Christus auf die tiefste Not seines Herzens geantwortet hatte!

Stellen Sie sich jetzt vor, Sie wären der Mensch, der 10 Personen Gutes tut, aber bei dem nur einer umkehrt, um "Danke" zu sagen. Wie würden Sie sich fühlen, wenn eines Tages die neun Sie wieder um einen Gefallen bitten?

Jesus fragte: "Ich dachte, ihr wart zehn, die in Not waren. Wo sind die neun anderen?" Er wandte sich demjenigen zu, der zu Ihm dankend umgekehrt war und sagte: "Steh auf und geh hin! Dein Glaube hat dich GERETTET". Nur eine Person in dieser Geschichte wurde gerettet. Der Körper der anderen wurde zwar rein, aber nur einer bekam die Gnade Gottes gerettet zu werden. Gelehrte sind sich darüber einig, dass dieses gerettet werden etwas mehr ist als die physische Heilung. Es könnte sein, dass er mehr als körperlich gesund war: Er bekam das Geschenk der Erlösung.

Erinnern Sie sich noch? Am Anfang erzählte ich, wie wir als Kinder von unserer Mutter mehr bekamen, wenn wir „Danke Mama" sagten. Dadurch erkannten wir an, wie toll es war, sie zu haben und zu sehen, wie fleißig sie für uns arbeitete, kochte und uns ernährte. Genauso war sie von Herzen gerührt, wohl wissend, wie wertvoll es war, Kinder zu haben, die Ihre Dankbarkeit ausdrückten.

Sagen Sie mir: Wie oft haben Sie Geschenke von Gott empfangen und sind nie zurückgekehrt, um Ihm zu danken? Sind Sie ständig so sehr mit Ihrem nächsten Gebetsanliegen beschäftigt?

3. Lazarus ist von den Toten auferstanden

Der Tod des Lazarus:

Es war aber einer krank, Lazarus von Bethanien aus dem Dorf der Maria und ihrer Schwester Martha, nämlich der Maria, die den Herrn gesalbt und seine Füße mit ihren Haaren getrocknet hat; deren Bruder Lazarus war krank. Da sandten die Schwestern zu ihm und ließen ihm sagen: Herr, siehe, der, den du liebhast, ist krank! Als Jesus es hörte, sprach er: Diese Krankheit führt nicht zum Tode, sondern zur Verherrlichung Gottes, damit der Sohn Gottes dadurch verherrlicht wird! Jesus aber liebte Martha und ihre Schwester und Lazarus. Als er nun hörte, dass jener krank sei, blieb er noch zwei Tage an dem Ort, wo er war. Dann erst sagte er zu den Jüngern: Lasst uns wieder nach Judäa ziehen! Die Jünger antworteten ihm: Rabbi, eben noch wollten dich die Juden steinigen, und du begibst dich wieder dorthin? Jesus erwiderte: Hat der Tag nicht zwölf Stunden? Wenn jemand bei Tag wandelt, so stößt er nicht an, denn er sieht das Licht dieser Welt. Wenn aber jemand bei Nacht wandelt, so stößt er an, weil das Licht nicht in ihm ist. Dies sprach er, und danach sagte er zu ihnen: Unser Freund Lazarus ist eingeschlafen; aber ich gehe hin, um ihn aufzuwecken. Da sprachen seine Jünger: Herr, wenn er eingeschlafen ist, so wird er gesund werden! Jesus aber hatte von seinem Tod geredet; sie dagegen meinten, er rede vom natürlichen Schlaf. Daraufhin nun sagte es ihnen Jesus frei heraus: Lazarus ist gestorben; und ich bin froh um euretwillen, dass ich nicht dort gewesen bin, damit ihr glaubt. Doch lasst uns zu ihm gehen! Da sprach Thomas, der Zwilling genannt wird, zu den Mitjüngern: Lasst uns auch hingehen, damit wir mit ihm sterben! Als nun Jesus hinkam, fand er ihn schon vier Tage im Grab liegend. Bethanien aber war nahe bei Jerusalem, ungefähr 15 Stadien weit entfernt; und viele von den Juden waren zu denen um Martha und Maria hinzugekommen, um sie wegen ihres Bruders zu trösten.

Als Martha nun hörte, dass Jesus komme, lief sie ihm entgegen; Maria aber blieb im Haus sitzen Da sprach Martha zu Jesus: Herr, wenn du hier gewesen wärst, mein Bruder wäre nicht gestorben! Doch auch jetzt weiß ich: Was immer du von Gott erbitten wirst, das wird Gott dir geben. Jesus spricht zu ihr: Dein Bruder wird auferstehen! Martha spricht zu ihm: Ich weiß, dass er auferstehen wird in der Auferstehung am letzten Tag. Jesus spricht zu ihr: Ich bin die Auferstehung und das Leben. Wer an mich glaubt, wird leben, auch wenn er stirbt; und jeder, der lebt und an mich glaubt, wird in Ewigkeit nicht sterben. Glaubst du das? Sie spricht zu ihm: Ja, Herr! Ich glaube, dass du der Christus bist, der Sohn Gottes, der in die Welt kommen soll. Und als sie das gesagt hatte, ging sie fort und rief heimlich ihre Schwester Maria und sprach: Der Meister ist da und ruft dich! Als diese es hörte, stand sie schnell auf und begab sich zu ihm. Jesus war aber noch nicht in das Dorf gekommen, sondern befand sich an dem Ort, wo Martha ihm begegnet war. Als nun die Juden, die bei ihr im Haus waren und sie trösteten, sahen, dass Maria so schnell aufstand und hinausging, folgten sie ihr nach und sprachen: Sie geht zum Grab, um dort zu weinen. Als aber Maria dorthin kam, wo Jesus war, und ihn sah, fiel sie zu seinen Füßen nieder und sprach zu ihm: Herr, wenn du hier gewesen wärst, mein Bruder wäre nicht gestorben! Als nun Jesus sah, wie sie weinte, und wie die Juden, die mit ihr gekommen waren, weinten, seufzte er im Geist und wurde bewegt und sprach: Wo habt ihr ihn hingelegt? Sie sprachen zu ihm: Herr, komm und sieh! Jesus weinte. Da sagten die Juden: Seht, wie hatte er ihn so lieb! Etliche von ihnen aber sprachen: Konnte der, welcher dem Blinden die Augen geöffnet hat, nicht dafür sorgen, dass auch dieser nicht gestorben wäre?

Jesus nun, indem er wieder bei sich selbst seufzte, kam zum Grab. Es war aber eine Höhle, und ein Stein lag darauf. Jesus spricht: Hebt den Stein weg! Martha, die Schwester des Verstorbenen, spricht zu ihm: Herr, er riecht schon, denn er ist schon vier Tage hier! Jesus spricht zu ihr: Habe ich dir nicht gesagt: Wenn du glaubst, wirst du die Herrlichkeit Gottes sehen? Da hoben sie den Stein weg, wo der Verstorbene lag. Jesus aber hob die Augen empor und sprach: **Vater, ich danke dir***, dass du mich erhört hast. Ich aber weiß, dass du mich allezeit erhörst; doch um der umstehenden Menge willen habe ich es gesagt, damit sie glauben, dass du mich gesandt hast. Und als er dies gesagt hatte, rief er mit lauter Stimme: Lazarus, komm heraus! Und der Verstorbene kam heraus, an Händen und Füßen mit Grabtüchern umwickelt und sein Angesicht mit einem Schweißtuch umhüllt. Jesus spricht zu ihnen: Bindet ihn los und lasst ihn gehen!*

Johannes   11,1-44
Schlachter 2000 *[eigene Hervorhebung]*

Hier ist die erstaunliche Geschichte von jemandem, der von Jesus Christus geliebt ist. Sein Name ist Lazarus. Maria, die die Füße des Herrn mit Salböl salbte und seine Füße mit ihren Haaren abtrocknete (hier muss ich betonen, dass das Haar einer Frau ein Teil des Zentrums ihrer Schönheit ist); Sie verwendete, was ihr am wichtigsten war (Haar und Salböl) für ihre Anbetung zu Jesus. Es war auch dieselbe Maria, die Jesus zu Füßen saß, um seinen Lehren zuzuhören, als Er sie besuchte (siehe Lukas 10,38-42). Maria liebte den Herrn und glaubte an Ihn und kannte Ihn als ein Wundertäter.

Es gibt keinen Grund, sich für irgendetwas in diesem Leben, auch nicht unserer Herkunft, zu rühmen. Das alles kommt von Gott und dafür verdient Er unser Lob und unseren Dank.

Sie ließen Jesus mitteilen, dass ihr Bruder Lazarus krank war. Jesus sorgte sich wirklich über die Situation, aber entschied, sie zum richtigen Zeitpunkt zu besuchen. Lasst uns verstehen, dass Gott immer weiß, wann es der für Ihn richtige Zeitpunkt ist, in unserem Leben zu handeln. Egal, welche Situation es auch sein mag, Er liebt es zu wissen, dass wir Ihm vertrauen. Jesus ging dorthin, sah, dass Lazarus tot war, und sagte zu Martha: „Wenn du glaubst, wirst du die Herrlichkeit Gottes sehen". Wie wichtig ist der Glaube in unserem Leben, wenn wir erwarten, dass Gott Seine Herrlichkeit in und durch uns zeigt!

Der Stein wurde vom Grab weggenommen. Lazarus war seit ein paar Tagen tot und es war für ihn unmöglich, aus dem Grab zu kommen. Aber der Wundertäter Jesus wusste, wie groß Gott ist. Er blickte auf; Er blickte zum Himmel. Wir müssen lernen, zum Himmel aufzublicken, wo unsere Hilfe herkommt. Er blickte zum Himmel und begann nicht mit einem langen Gebetsanliegen. Er sagte nur: „ ...Vater, ich danke dir, dass du mich erhört hast". Während ich dies schreibe, bin ich so begeistert, wie Jesus in solch einer tiefen Beziehung zu seinem Vater lebte. Er wusste, dass Er in dieser Situation nur Seinen Glauben an Gott zu bestätigen brauchte, als den, der Ihn immer erhörte. Als Er das Gespräch mit seinem Vater beendet hatte, befahl Er Lazarus herauszukommen. Eins ist hier wichtig: Gott zu danken, bewirkt ein so großes Vertrauen in Gott, dass wir so wie Jesus sprechen können, der Lazarus befahl, aus dem Grab herauszukommen.

Warum machte Jesus kein langes Bittgebet, sondern bedankte sich bei Gott stattdessen? Er weinte gewiss, aber dankte danach demjenigen, der immer Seine Gebete erhört.

Hier sind drei Dinge, die wir aus diesen Geschichten lernen:

- Dankbarkeit vervielfacht das Winzige, was Sie haben, damit Sie sich um diejenigen kümmern, für die Sie verantwortlich sind.
Es ist so offensichtlich, dass diejenigen, die darauf schauen, wie wenig sie haben, dazu neigen, negativ, passiv und voller Pessimismus zu sein.

- Dankbarkeit fügt Segen in ihrem Leben hinzu.
Diejenigen, die sich entscheiden, Gott für Seine Segnungen zu danken, bringen sich in die Lage mehr zu erhalten, wenn die Zeit reif ist.

- Dankbarkeit öffnet den Himmel und löst Gottvertrauen aus.

Wenn es keinen Glauben gibt, ist es wichtig, immer alle Dinge aufzuzählen, die Gott bereits in Ihrem Leben gemacht hat. Das wird den Glauben stärken und wird Sie zu einem Siegesleben führen.

Es gibt ein altes Kirchenlied, das sagt:

Zählen Sie Ihre Segnungen, benennen Sie eine nach der anderen,
Zählen Sie Ihre Segnungen, sehen Sie, was Gott getan hat!
Zählen Sie Ihre Segnungen, benennen Sie eine nach der anderen,
Und es wird Sie überraschen, was der Herr getan hat.

Es ist so leicht, sich zu setzen und an alles zu denken, was Sie beunruhigt, anstatt Gott dafür zu danken, wer Er ist, was Er bereits getan hat, was Er gerade tut und was Er versprochen hat zu tun.

Nachdem wir betrachtet haben, wie Dankbarkeit Wunder wirkt, lasst uns daran erinnern, dass der Mangel an Dankbarkeit eins der Zeichen der Endzeit ist.

Denn die Menschen werden selbstsüchtig sein, geldliebend, prahlerisch, hochmütig, Lästerer, den Eltern ungehorsam, undankbar, unheilig,
2. Timotheus 3,2 Elberfelder

Wenn wir diesen Vers betrachten, entdecken wir, dass Selbstsucht die Eigenschaft Nummer eins im Leben der Menschen in den letzten Tagen sein wird. Sehen Sie sich um und Sie werden sehen, dass die meisten Menschen in ihrem Umgang mit anderen Menschen selbstsüchtig sind.

Die zweite Eigenschaft ist die Liebe zum Geld. Es ist normal, dass eine selbstsüchtige Person die meiste Zeit eine starke Liebe zum Geld haben wird, um ihr sehr geiziges Verlangen zur Selbstbeglückung zu stillen. Nachdem sie mehr Geld erhalten haben, werden die Menschen prahlerisch und hochmütig darüber, wie sie dieses Geld und alles, was sie haben, mit ihrem Fleiß gewonnen haben. Es soll uns bewusst werden, dass dies eine der größten Bollwerke im Leben der Menschen ist. Sie sehen Gott nicht als ihren Versorger und nicht als denjenigen, der ihnen die Kraft zu arbeiten und das dadurch verdiente Geld gibt. Als das Volk Israel aus Ägypten kam, ließ Gott es etwas wissen, das meiner Meinung nach, von großer Hilfe in unserem Streben nach einem Lebensstil der Dankbarkeit sein wird.

Und damit du nicht in deinem Herzen sagst: Meine eigene Kraft und die Stärke meiner Hand hat mir diesen Reichtum verschafft!

So gedenke doch an den Herrn, deinen Gott — denn Er ist es, der dir Kraft gibt, solchen Reichtum zu erwerben -, damit er seinen Bund aufrechterhält, den er deinen Vätern geschworen hat, wie es heute geschieht.

5.Mose 8,17-18 Schlachter 2000

Gott ließ sie wissen, dass sie sich in ihrem Herzen zurück nach Ägypten wenden könnten, mit der Überzeugung, dass das, was sie besitzen, das Werk ihrer Arbeit sei. Gott ließ sie wissen, dass es einen Stärkeren im Himmel gibt und sie sollten sich daran erinnern, dass Er derjenige ist, der ihnen alles gibt, was sie besitzen. Dieser Text wurde an Israel geschrieben, aber ich glaube, dass wir als Kinder Gottes daraus lernen können.

Gott ist derjenige, der uns:

- die Kraft gibt, vom Bett aufzustehen und uns gesund zu fühlen.
- die Stärke gibt, zur Arbeit zu gehen und Geld zu verdienen.
- die Fähigkeit gibt, unsere Autos zu fahren.
- die Fähigkeit gibt, zu essen und an Stärke zu gewinnen.
- die Fähigkeit gibt, Ruhe und Schlaf zu haben.
- die Fähigkeit gibt, anderen zu geben.
- die Fähigkeit gibt, Reichtum zu gewinnen.

Es gibt keinen Grund, sich für irgendetwas in diesem Leben, auch nicht unserer Herkunft, zu rühmen. Das alles kommt von Gott und dafür verdient Er unser Lob und unseren Dank.

Wie leicht ist es für stolze und prahlerische Menschen in dieser Generation, dies zu vergessen? Wie leicht ist es, undankbar zu sein, was auch ein Zeichen des Stolzes im Leben von Menschen ist! Es ist Zeit, für alle Tag Buße zu tun, an denen wir vergessen haben, wer die Quelle dessen war, was wir besitzen. Würden Sie hier mit dem Lesen aufhören und Gott bitten, Ihnen Dinge in Ihrem Leben zu offenbaren, wofür Sie undankbar gewesen sind? Tun Sie Buße für Ihre Undankbarkeit.

Nachdem Sie Buße für Ihre ständige Undankbarkeit getan haben, warum nicht jetzt in Ihrem Leben nach Dingen suchen, wofür Sie dankbar sein können.

Wann auch immer wir beunruhigt sind, können wir sofort anfangen, Gott zu danken und wir werden lebendiges Wasser spüren, das aus unserem Innersten fließt. (4)

Merlin Carothers

Sagen Sie Dank inmitten von Schwierigkeiten

Waren Sie jemals in äußerst schlechten Situationen und Schwierigkeiten? Dies sollte nicht die Frage sein, denn jeder Mensch war in bestimmten Zeiten seines Lebens in Schwierigkeiten, die außerhalb seines Willens und Zutuns waren. Wir sollten nicht aufhören, Gott zu danken, wenn das Leben schwierig wird und wenn wir nicht wissen, was zu tun ist. Wenn wir beginnen, die Dankbarkeit zur Gewohnheit werden zu lassen, werden wir immer noch einen Grund finden, es zu tun, selbst wenn das Leben hart ist.

Wenn wir die Geschichte von Daniel lesen, lassen wir immer etwas aus. Wir verbringen den größten Teil unserer Zeit darauf, wie jung er war, als er nach Babylon gebracht wurde und wie Gott ihn außerordentlich gebrauchte, aber wir vergessen zu betonen, dass dieser Mann Gottes auch jemand war, der viel Zeit damit verbrachte, Gott zu danken.

Wir kennen alle Schwierigkeiten, auf die er als Jude in der Gefangenschaft stieß. Selbst in diesen Momenten der Gefangenschaft war sein Herz bei Gott. Er liebte den Gott Israels. Er war ein Mann des Gebets und egal, was die Menschen sagen oder denken würden, war er darauf bedacht, immer Gemeinschaft mit Gott zu haben. Er hörte nicht auf zu beten, obwohl der König es befahl. Er hatte die Angewohnheit dreimal pro Tag niederzuknien, um zu beten und zu danken. Es ist erstaunlich, wie dieser Staatsmann mit einem vollen Zeitplan wie der eines großen Politikers noch Zeit hatte, sich hinzuknien und zu beten. Egal wie beschäftigt er war, wusste er, wer ihm die Kraft und die Macht gab, seine Arbeit zu vollbringen. Wie einfach ist es, nach zahlreichen Erfolgen in unserem Leben mit der Anerkennung Gottes aufzuhören! Wie einfach ist es wegen der Herausforderungen und des vollen Terminkalenders bei der Arbeit, mit Gebet aufzuhören und keine Zeit mehr mit Gott zu verbringen.

Lasst uns jetzt schauen, was mit Daniel geschah:

> *Als nun Daniel erfuhr, dass ein solches Gebot ergangen war, ging er hinein in sein Haus. Er hatte aber an seinem Obergemach offene Fenster nach Jerusalem, und er fiel dreimal am Tag auf seine Knie, betete, lobte und* **dankte seinem Gott**, *wie er es auch vorher zu tun pflegte.*
> **Daniel 6,11 Luther 1984**
> [eigene Hervorhebung]

Daniel ist in großer Schwierigkeit, Ihm wird nicht mehr erlaubt, zu seinem Gott an bestimmten Zeiten zu beten. Ich weiß, dass Sie in Ihrem Leben durch Schwierigkeiten gegangen sind, wo Sie Stellung nehmen mussten und Sie taten es. Ein wichtiger Punkt in dieser Passage ist diese Aussage: " ... wie er es auch vorher zu tun pflegte". Daniel hatte eine Gewohnheit zu BETEN und zu DANKEN jeden Tag in seinem Leben. Seine Situation schaffte es nicht, ihn zu stoppen, Gott Dank zu sagen. Der Gott, der ihn gefördert hatte, hatte sich nicht geändert. Der Gott, der erlaubte, dass er zur Gefangenschaft ging, hatte sich nicht geändert. Wie leicht ist es, mit der Dankbarkeit aufzuhören, nachdem wir Segnungen von Gott erhalten haben! Wie schwierig ist es, genügend Kraft zu haben, um Gott in Zeiten der Bedrängnis zu danken! Daniel wusste, um diese hohe Stellung zu erreichen und zu behalten, war es nicht nur nötig zu beten, sondern auch die Gewohnheit des täglichen Danksagens zu praktizieren. Da ein dankbares Herz ein Heilmittel gegen Depression und viele anderen Krankheiten der Seele ist, konnte er weiter hart in seiner Führungsposition ohne Burn-out arbeiten. Er kannte das Geheimnis: Die Gewohnheit, Gott für alles täglich zu danken und so bekam er täglich von ihm ganz den Frieden im Herzen. Dies sollte unsere Sehnsucht sein: Gott täglich in unserem Leben Danke zu sagen, egal wie schwer die Umstände sein mögen.

Lesen wir, was Henry Matthew über Daniel zu sagen hat:

> *In jedem Gebet sagte er Dank. Wenn wir Gott um Barmherzigkeit bitten möchten, bzw. müssen wir Ihn loben für die, die wir bekommen haben. Dankbarkeit muss ein Teil jeden Gebets sein. In seinem Gebet und seiner Dankbarkeit blickte er auf Gott als seinen Gott des Bundes und stellte sich selbst in seine Gegenwart. Er tat dies vor seinem Gott aus Achtung vor Ihm. (5)*
>
> **Matthew Henry**

Wir sollten Schwierigkeiten in unserem Leben nicht erlauben, uns zu stoppen oder uns daran zu hindern, Gott zu danken, weil wir wissen, dass Gott uns liebt und für uns sorgt. Es gibt immer einen Grund, Gott zu danken. Machen Sie es sich zur Gewohnheit und genießen Sie den offenen Himmel in Ihrem Leben. Wenn wir die Geschichte weiter lesen, werden wir sehen, wie Gott Daniel half. Er hatte solch eine tiefe Gemeinschaft mit Gott während seiner „dynamischen täglichen Zeiten" des Gebets und der Dankbarkeit.

„Wie sehr Sie Ihre Probleme bedrücken, hängt davon ab, ob Sie daran glauben, dass Gott Ihre Probleme zu Ihren Gunsten lösen wird." (6)
Merlin Carothers

1. Schwierige Umstände und Dankbarkeit

Warum Dank in allen Situationen sagen?

„Alle Dinge dienen zum Besten, denen, die den Herrn lieben"

heißt es im **Römer 8,28**

Es gibt schlechte Situationen, denen Sie in Ihrem Leben begegnen werden. Es könnte sein:
- ein verlorenes Kind
- eine schlechte Gesundheit
- der Arbeitsplatzverlust
- der Tod eines geliebten Menschen
- Stress
- Depressionen
- Lieblosigkeit
- schlechte Kindheit
- und so weiter.

Es ist interessant zu wissen, dass Gott Sie liebt und einen Plan für Ihr Leben hat. Ihr Leben und die Situation, in der Sie sich befinden, können schwierig sein, aber Gott ist immer noch da, um Ihnen zu helfen, und Er wird es tun. Es ist kein Fehler, dass Sie dieses Buch lesen. In Ihrem Le-

Egal wie die Dinge sind; Gott kann jede Situation gebrauchen, um uns zu segnen und uns Ihm näher zu bringen.

ben können Sie Fehler machen, aber Gott wird sie mit Seiner Güte in Ihrem Leben verwenden.

Ist es der Schmerz der Krankheit, der Tod eines geliebten Menschen oder der Arbeitsplatzverlust? Ich will Sie wissen lassen, dass ich auch durch einige von ihnen gegangen bin! Und ich kenne sogar Leute, die durch schmerzhaftere Situationen als meine gegangen sind. Egal wie die Dinge sind; Gott kann jede Situation gebrauchen, um uns zu segnen und uns Ihm näher zu bringen. Je näher wir Ihm sind, desto mehr Wunder tut Er in unserem Leben. Ich möchte Ihnen folgendes sagen: Lassen Sie nicht zu, dass diese Situation Sie nach unten zieht. Die Wahrheit ist, dass die Situation so sein kann, dass nur Gott und Sie sie verstehen können. Nur Gott und Sie kennen am besten die Tiefe Ihres Schmerzes.

> Lassen Sie nicht zu, dass Situationen in Ihrem Leben Sie davon abbringen, Gott dankbar zu sein.

Da Gott und Sie sie verstehen und es besser wissen können, ist es mindestens einer der vielen Gründe, warum Sie Gott nun sagen können, dass Sie für seine Augen, die über Ihnen wachen und auch für Seine Liebe dankbar sind. Gott will von uns hören, aus den Tiefen der Finsternis und den schlimmen Situationen, in denen wir uns befinden können. Er will uns unsere Dankbarkeit ausdrücken hören, für die Dinge, die Er getan hat und für die Situation, in der Sie sind, auch wenn Sie noch nicht den Ausweg wissen.

In schwierigen Zeiten sind manche Menschen still und erlauben der Situation ihre Seele zu zerstören.

Selbst wenn niemand genau weiß, was Sie durchmachen, so können Sie mindestens darüber mit einigen Menschen sprechen! Aber das wichtigste ist, Ihr Herz zu öffnen und Gott Ihre Dankbarkeit für die Situation auszudrücken.

Glauben Sie, dass Gott Sie vergessen hat, und dass es Ihm egal ist? Nein. Gott hat Sie nicht vergessen. Er sorgt für Sie. Es ist ein großer Schritt, die Herrschaft und die Größe Gottes anzuerkennen, wenn alles scheint, schlimmer zu werden.

Wenn wir oft in einer schlechten Situation sind, sehen wir nicht, dass die Hand Gottes am Werk ist. Sobald wir aus dieser Situation herauskommen, erkennen wir, wie Gott gehandelt hat und uns durch das Tal der Todesschatten hindurch geholfen hat.

Die Dankbarkeit war im Alten Testament auch ein Teil des Opfers, das gebracht werden sollte. Da Opfer etwas kostet, ist es so schwierig, Gott während und für die Schwierigkeiten zu preisen, denen wir begegnen. Wie können wir lernen, es zu tun, wenn wir die wahre Bedeutung des Wortes Opfer vergessen? Die Opfergaben im Alten Testament waren kostspielig. Deshalb gibt es für uns die Notwendigkeit, diese Opfer der Dankbarkeit zu bringen, auch wenn die Situation, in der wir jetzt sind, schlimmer ist, als wir sie uns vorstellen konnten. Wie kann jemand in den schlimmsten Situationen den Mund öffnen und Gott dankbar sein? Lasst uns unsere Phantasie benutzen und uns vorstellen, dass es einen Autounfall gibt und Sie der einzige sind, der es überlebt. Gibt es einen Grund in dieser Situation Gott Dank zu sagen? Natürlich, zumindest für die Tatsache, dass Sie am Leben sind. Lassen Sie nicht zu, dass Situationen in Ihrem Leben Sie davon abbringen, Gott dankbar zu sein.

„Eine der Methoden, wie wir unsere Liebe zu Gott ausdrücken können, ist Ihm dankbar zu sein. Dankbarkeit ist eine natürliche Folge der Überzeugung, dass Gott uns liebt." (7)

Merlin Carothers

2. Dankbarkeit und die Pforte des Himmels

Stellen Sie sich vor, Sie wären ein König im Mittelalter. Sie tun einer bestimmten Person immer Gutes und diese Person preist Sie nie, noch sagt sie Ihnen „Danke". Ich glaube, dass man damals nicht einmal zuließ, dass eine solche Person in die Nähe des Königs kam. Selbst diejenigen, die noch nie die Gelegenheit hatten, den König um etwas zu bitten, kamen zu ihm im Glauben, dass er allein die Antwort auf ihr Problem hat. Woher wussten sie es? Weil sie über den Ruf des Königs gehört hatten.

Dankbarkeit öffnet das Tor, um in die Gegenwart Gottes einzutreten. Versuchen Sie einfach einen Tag lang, nur Gott zu danken, bevor Sie mit Ihrem Bittgebet

> Dankbarkeit sollte immer ein Teil unseres Gebetslebens und unserer Lebensweise sein.

starten, und Sie werden begeistert sein! An dem Tag, an dem ich begann, Gott täglich zu danken, beschloss ich, diese Lehre zum Gebetstreffen, das ich in unserer Gemeinde leitete, mitzubringen. So sind wir vorgegangen: Ich sagte ein paar Worte über die Dankbarkeit und was ich bereits erlebt hatte, seitdem ich mich entschieden hatte, Gott jeden Tag zu danken. Nachdem ich sprach, wies ich uns an, Zeit zu verbringen, über Dinge nachzudenken, die der Herr in unserem Leben getan hat. Nach diesem Moment der Erinnerung an die Güte Gottes zu uns haben wir angefangen, Gott Dank zu sagen. Keine Bitte an Gott. Kein Weinen und Bitten. Nur auf der Suche nach einem Grund zu danken. (Ich muss betonen, dass unsere Gebetstreffen eine gemeinsame Gebetszeit sein sollte). Nach ungefähr 30 Minuten persönlicher Dankbarkeit an Gott für das, was uns in den Sinn kam, beschlossen wir, die uns rechtsstehende Person nach mindestens zwei Dingen zu fragen, für die sie Gott Dank sagen konnte. Nachdem wir mit der rechtsstehenden Person gebetet hatten, wandten wir uns um, stellten der linksstehenden Person die gleiche Frage und dankten Gott für und mit dieser Person. Nach einer Stunde des Gebets an jenem Tag bat ich die Leute, mit ein paar Worten zu sagen, wie es war. Ich muss zugeben, dass ich über die Ergebnisse dieser gemeinsamen Zeit der Dankbarkeit erstaunt war.

Es ist so einfach, Ihren Bruder oder Schwester anzuschauen und nur seine/ihre Fehler zu sehen. Aber wenn Sie beginnen, Gott für diese Person und was Er in seinem Leben tut zu danken, ändert sich die Lage. Dankbarkeit öffnet das Herz Gottes uns gegenüber.

Der Psalmist sagt:

> *Zieht ein in seine Tore mit* **Dank***, in seine Vorhöfe mit Lobgesang! Preist ihn,* **dankt** *seinem Namen!*
> ### Psalm 100,4 Elberfelder

In diesem Psalm sind wir aufgefordert, in die Pforten des Himmels mit Dankbarkeit einzutreten. Betrachten Sie das Tor als eine Tür zur Wohnung des Allmächtigen Gott! Dankbarkeit ist eine Voraussetzung, sie zu betreten. Dankbarkeit ist ein Mittel, um mit Ihrem Bittgebet anzufangen. Diejenigen, die es sich zur Gewohnheit machen, dem Herrn für das zu danken, was Er ist, was Er tut und tun wird, werden gesegnet. Wenn wir dem Herrn danken, laden wir dadurch auch unsere Bürden ab. Derek Prince hat festgestellt, dass Paulus in seinem Gebetsleben immer Gott für die Gläubigen Dank sagte.

> *Ich* **danke meinem Gott allezeit** *euretwegen für die Gnade Gottes, die euch gegeben ist in Christus Jesu.*
> **1.Korinther 1,4 Elberfelder**

> *Ich* **danke meinem Gott allezeit***, wenn ich deiner gedenke in meinen Gebeten.*
> **Philemon 1,4 Luther 1984**

> **Wir danken Gott***, dem Vater unseres Herrn Jesus Christus, allezeit, wenn wir für euch beten,*
> **Kolosser 1,3 Elberfelder**

> **Wir danken Gott allezeit** *für euch alle, indem wir euch erwähnen in unseren Gebeten und ohne Unterlass.*
> **1.Thessalonicher 1,2 Elberfelder**

Paulus startet vier seiner Briefe indem er der Gemeinde mitteilt, wie er Gott immer Dank sagt. Paulus war ein Mann des Gebets und durch diese Praxis fordert er uns auf, Dankbarkeit an Gott allezeit zu einem Lebensstil zu machen. Er begriff ihre Bedeutung als Gebetskrieger. Er begriff ihre Bedeutung darin, eine weltliche Gemeinde (wie die von Korinth) vor den Thron Gottes im Gebet zu bringen.

Dankbarkeit sollte immer ein Teil unseres Gebetslebens und unserer Lebensweise sein. So wie man nur mit einem Herzen voller Dankbarkeit in die Pforten des

Himmels (die Gegenwart Gottes) eingehen wird, ist es eine Illusion mit einem Herzen voller Undankbarkeit in die Pforten des Himmels eingehen zu wollen. Wenn jemand sein Gebetsleben stärken will, ist es wichtig, dass er Dankbarkeit hinzufügt. Es ist ein Türöffner fürs Gebet. Es bringt unserer Seele Segen. Ich sprach über die Gebetszeit, die wir in unserer Gemeinde hatten und die Segnungen, die wir empfingen, als wir Zeit mit Gott nur dankend verbrachten. Ich erinnere mich, wie ein Bruder vor dem Gebetstreffen gerade darüber sprach, wie schwach und leer er war, aber nach dieser Sondersitzung mit Dankbarkeit war er so frei und gesegnet.

„Gott belohnt unsere Dankbarkeit. Wir können für eine Stunde Dank sagen ohne uns zu wiederholen." (8)

Merlin Carothers

Vorteile der Dankbarkeit

Sie wissen doch bestimmt viel darüber, wie die Dankbarkeit in ihrem Leben Frucht bringen wird, wenn Sie sie anwenden. Hier sind einige der Vorteile:

- Dankbarkeit befreit Sie von einem egozentrischen Leben.
- Dankbarkeit öffnet die Pforten des Himmels.
- Dankbarkeit hilft uns, in die Gegenwart Gottes zu treten.
- Dankbarkeit vergrößert Ihren Glauben an Gott.
- Dankbarkeit gibt den Segen Gottes in Ihrem Leben frei.
- Dankbarkeit erhöht Ihre Freude, weil Sie glauben, dass Gott allein in Ihrer Situation wirken kann. Sie sind zuversichtlich, dass Er die Kontrolle über alles hat, und Sie freuen sich, weil Gott zu Ihren Gunsten handeln wird. Die Weise, wie Gott arbeiten wird, hängt von Ihm alleine ab.
- Dankbar gegenüber und für Ihren Partner zu sein, setzt Frieden und Liebe unter euch frei. Ihr Wunsch ihm Freude zu bereiten und ihn mehr zu lieben, wächst auch, wenn Sie dankbar sind.
- Dankbarkeit veranlasst uns nicht, weniger zu beten oder geistlich träge zu sein.
- Dankbarkeit hilft Ihnen, Gott mehr zu lieben. Wenn Sie Ihn mehr lieben, neigen Sie auch mehr dazu, Dank zu sagen und Ihre Liebe zu Ihm wächst.
- Dankbarkeit entfernt Trauer der Vergangenheit von Ihrem Herzen.
- Dankbarkeit heilt Angst.
- Dankbarkeit gibt Ihnen Frieden.

- Dankbarkeit erhöht die Romantik bei einem Paar.
- Dankbarkeit schafft eine bestimmte Bindung zwischen Menschen (Eltern und Kinder, Freunde).
- Dankbarkeit bricht die Macht der Feinde.
- Dankbarkeit befreit viele Menschen.
- Dankbare Menschen sind widerstandsfähiger.
- Dankbarkeit ist leistungssteigernd.
- Dankbarkeit hilft Ihnen, Jesus ähnlich zu sein, wie in Johannes 11,41 berichtet wird: *„Da hoben sie den Stein weg. Jesus aber hob seine Augen auf und sprach: Vater, ich danke dir, dass du mich erhört hast."*

Wie kann Jesus die Macht haben, solch ein Gebet auszusprechen, ohne dass uns die Bibel berichtet, dass er in dieser Situation gebetet hat? Vielleicht betete Er in seinem Herzen. Aber hier sehen wir, wie zuversichtlich Er über die Erhörung Seiner Gebete zu Gott war. Ein Vers zuvor sagt Er: Johannes 11,40: ... *Habe ich dir nicht gesagt: Wenn du glaubst, wirst du die Herrlichkeit Gottes sehen?* Als ich es zu Hause las, schrie ich: Halleluja.

Wenn Sie glauben, werden Sie sehen, wie Gott sich in Ihrem Leben verherrlicht. Wenn Jesus sagt: "Vater, ich danke dir, dass du mich erhört hast", zeigt Er uns, wie die Herrlichkeit Gottes in Seinem Dienst zu sehen ist, wenn Er dankt. Lasst uns bitte zusammen „WOW"! sagen. Dies führte mich zu den folgenden Vorteilen der Dankbarkeit.

- Dankbarkeit hilft Ihnen, Ihre Beziehung mit Gott zu festigen.
- Dankbarkeit hilft Ihnen, alles in Ihrem Herzen unter das Kreuz zu legen, was Ihre Beziehung mit Ihren Geliebten hindern kann.

Lesen Sie bitte die Geschichte von Lazarus in Johannes 11 und sehen Sie, wie Jesus nach seinem Zeitplan wirkt! Es ist dasselbe, das Er heute in Ihrem Leben tut. Es ist Grund genug, Ihm zu danken.

Starten Sie die Ausübung der Dankbarkeit gegenüber Gott für ihre(n):

1. Atem
2. Gesundheit
3. Arbeit
4. Ehepartner
5. Gemeinde
6. dieses Buch

Ist es nicht traurig zu wissen, dass wir so viel in unserem Leben verpassen, weil wir nicht gelernt haben, zu sagen:

DANKE
DANKE GOTT
DANKE HERR JESUS CHRISTUS
DANKE HEILIGER GEIST

In unserer heutigen Gesellschaft ist das Wort „Danke" selten auf den Lippen der Menschen zu finden. Das kommt daher, weil wir glauben, dass wir selbst es verdienen und zu Recht haben, was wir haben! Wir denken, wir haben das Recht zu leben, wo wir leben! Zu haben, was wir haben. Das ist ein Irrtum! Nur Gott hat dein Leben in Seiner Hand und Er allein entscheidet, was Er will. Sie brauchen Ihm jetzt nur zu danken.

Sagt in allem Dank! Denn dies ist der Wille Gottes in Christus Jesus für euch.
1.Thessalonicher 5,18 Elberfelder

Gehen Sie durch die dunkelsten Stunden Ihres Lebens?	Was ist der Wille Gottes?	Sagen Sie Dank in dieser Situation!
Sind sie traurig?	Was ist der Wille Gottes?	Sagen Sie Dank in dieser Situation!
Haben Sie die Hoffnung verloren?	Was ist der Wille Gottes für Sie?	Sagen Sie Dank in dieser Situation!
Beschreiben Sie bitte...	Ihre eigene Situation…	hier ...

*Seid um nichts besorgt, sondern in allem sollen durch Gebet und Flehen mit **Dankbarkeit** eure Anliegen vor Gott kundwerden.*
Philipper 4,6 Elberfelder

Wir hören häufig mit unserer Gebetszeit auf, nach-dem wir gefragt und gefleht haben. Wir vergessen, dass wir Fürbitte tun und Gott Dank sagen sollen. Denn wir wissen, dass es der Wille Gottes ist, Ihm Dank zu sagen. Sind Sie jetzt bereit, Dankbarkeit gegenüber Gott zum Lebensstil zu machen? Zumindest für diese Woche es jeden Tag zu tun? Wenn Ja und wenn Sie der Meinung sind, dass Sie lernen müssen, wie man Gott täglich Dank sagt, dann lade ich Sie ein, jetzt anzufangen. Ich werde einen Vorschlag für verschiedene Aspekte (sechs Bereiche) machen, für die Sie Gott jeden Tag danken können. Wählen Sie bitte ein Thema der Dankbarkeit pro Tag aus.

„Je mehr Sie dankbar für das sind, was sie haben, desto mehr werden Sie haben, um dankbar zu sein." (9)

Zig Ziglar

1. Sagen Sie Dank für Ihren Körper

Die meisten Menschen sind wegen ihres Körpers, ihres Gewichts, ihrer Haare oder ihrer Hautfarbe deprimiert. Als Kind betete ich, weil ich wegen meiner Größe unglücklich war. Ich verbrachte Jahre betend, um mindestens 5 cm größer zu werden. Eines Tages fragte ich mich, ob ich das wirklich brauchte, um das zu vollbringen, was Gott von mir wollte? Werde ich damit gesünder? Meine Antwort war nein. So danke ich Gott jetzt mehr als vorher dafür, wie groß ich bin. Ist es nicht großartig anzuerkennen, dass Gott gut ist?

> Gott ist auf Sein Meisterwerk stolz und Sie sind Sein Meisterwerk.

Denken Sie darüber nach: Als Ihre Mutter schwanger wurde, hatte Gott Sie bereits in seinen Gedanken. Gott hatte Seinen Gesamtplan für Ihr Leben auf dieser Erde. Denken Sie daran, Gott nahm sich Zeit, Er schuf Sie nach seinem Ebenbild. Sie sind Sein Meisterwerk.

Denn wir sind sein Werk, geschaffen in Christus Jesus zu guten Werken, die Gott zuvor bereitet hat, dass wir darin wandeln sollen.
Epheser 2,10 Luther 1984

Wenn Sie einen Künstler oder Musiker kennen, fragen Sie, was sein Meisterwerk ist. Wie viele dieser Künstler investieren Zeit, viel Zeit, um etwas Schönes zu erschaffen, und wie stolz sind sie auf ihre Arbeit.

Gott ist auf Sein Meisterwerk stolz und Sie sind Sein Meisterwerk. Er ist auf Sie stolz als ein Teil seiner Schöpfung. Wegen Seines Wunsches, alle Seine Meisterwerke in dieser Welt zu erretten, sandte Er Seinen Sohn Jesus Christus. Betrachten Sie sich selbst: Wie oft haben Sie sich mit einem negativen Bild von Ihnen wegen Ihrer Kultur, Herkunft und Farbe abgefunden?

Nein mein Freund, Sie sind das Meisterwerk Gottes und lassen Sie es auch so in Ihrem Herzen sein! Nehmen Sie es hin und danken Sie Gott für sich selbst und Ihre Schöpfung! Gott schuf Sie zu dem Zweck, eine Aufgabe zu erledigen. Nur Sie können sie mit der Hilfe Seines Heiligen Geistes vollbringen. Nehmen Sie diese negativen Gedanken nicht hin, dass Sie nichts sind, nichts tun können, nichts sein werden! Nehmen Sie solche Gedanken nicht hin! Gott schuf jemanden, der gut anzuschauen ist, jemanden, der groß genug ist, um den Grund seiner Anwesenheit auf dieser Erde zu erfüllen.

Danken Sie jetzt Gott, dem Schöpfer dieses Meisterwerks, das Sie so sind, wie Sie sind.

Sagen Sie Dank für Ihr(e/n):

1. Gesundheit
2. Gesicht
3. Nase
4. Augen
5. Mund
6. Lippen
7. Zähne
8. Zunge
9. Ohren
10. Kopf
11. Haare

12. Hände
13. Füße
14. Bauch
15. Brust
16. Muskeln
17. Blut
18. Luft, die Sie atmen

Haben Sie es getan? Danken Sie auch Gott für die hier nicht erwähnten Dinge, die Er in Sie hineinlegen wird! Sagen Sie heute nur Danke für alle diese Dinge! Üben Sie heute, sich nur auf Ihren Körper zu konzentrieren und für Sie selbst zu danken! Sie wurden als ein besonderer Mensch geschaffen. Sie sind das Meisterwerk Ihres Schöpfers, Gott selbst. Er verbrachte Zeit und dachte darüber nach, wie Er Sie erschaffen wollte, bevor Sie geboren wurden.

„Lobpreis ist eine aktive Reaktion auf unsere Erkenntnis, was Gott für uns – in unserem Leben und in dieser Welt durch Seinen Sohn Jesus Christus und den Heiligen Geist – getan hat und tut." (10)

Merlin Carothers

2. Sagen Sie Dank für Ihr Leben

Haben Sie schon mal darüber nachgedacht, dass Gott derjenige ist, der Sie mit einer besonderen Bestimmung schuf?

Denn wir sind sein Werk, geschaffen in Christus Jesus zu guten Werken, die Gott zuvor bereitet hat, dass wir darin wandeln sollen.
Epheser 2,10 Luther 1984

Gott hat Sie zu einem Zweck erschaffen. Außer wenn Sie gegen Gott rebellieren, will Er, dass Sie Seiner Berufung folgen. Wenn Sie das tun, werden Sie zu einem ganz besonderen Menschen. Sie sind besonders und die einzige Person, die die Arbeit tun kann, die Gott für Sie bestimmt hat. Sie können nicht die Arbeit der Glaubenshelden tun, wie z. B. die von Paulus, Martin Luther, John Wesley, Wurmbrand, Wachmann Nee, Pastor Hsi, Hudson Taylor, C.H. Spurgeon, John Piper, David Wilkerson, Billy Graham, Derek Prince, Bruder Andrew und Zacharias T. Fomum, nur um ein paar zu nennen. Sie können nur die Arbeit tun, zu der Gott Sie berufen hat. Gott hat einen speziellen Plan für Sie.

> Sie sind besonders und die einzige Person, die die Arbeit tun kann, die Gott für Sie bestimmt hat.

Denken Sie an dieses Wort, das Er Jeremia gab:

Schon ehe ich dich ins Leben rief, hatte ich einen Plan mit dir.
Jeremia 1,5 Gute Nachricht

Welchen Plan Gott vielleicht für Sie hat, ist nicht derselbe, wie z. B. Jeremia, ein Prophet für die Nationen zu sein! Allerdings könnte es nur der eines Landwirts, eines Ehemanns, einer Ehefrau, eines Vaters, eines Computeringenieurs und so weiter sein. Gestatten Sie mir, Sie zu fragen, wie Ihre Situation aktuell ist? Wie ist Ihre Stellung jetzt in Ihrer Gemeinde, in Ihrem Haus oder in Ihrem Leben? Könnten Sie Gott dafür heute danken, egal wo Sie sind, ob Sie Ihre aktuelle Lage mögen oder nicht? Könnten Sie Gott in dieser Situation danken, weil Gott Sie liebt und für Sie sorgt? Haben Sie sich jemals Zeit genommen, Gott für das Geschenk der Erlösung zu danken? Erlösung ist ein kostenloses Geschenk Gottes an uns. Sie werden gerettet, nicht durch Werke, sondern durch den Glauben an den Herrn Jesus Christus.

„Dankbarkeit bezieht sich auf die Güte Gottes. Lobpreis bezieht sich auf die Größe Gottes. Anbetung bezieht sich auf die Heiligkeit Gottes." (11)

Derek Prince

3. Sagen Sie Dank für Ihre Finanzen

Haben Sie auch finanzielle Probleme? Oder haben Sie ein stabiles Finanzleben? Haben Sie ein paar unbezahlte Rechnungen und Sie wissen nicht, wie Sie sie begleichen werden? Zahlen Sie regelmäßig alle Ihre Rechnungen und haben noch ausreichend Geld? Warum nicht Gott danken, ungeachtet ihrer momentanen finanziellen Situation?

Glauben Sie, dass Gott Sie immer noch liebt, unabhängig von den Fehlern, die Sie in Ihren Finanzen gemacht haben, und Ihnen aus dieser ganzen Situation helfen kann? Vertrauen Sie Gott und glauben Sie, dass Er Ihnen helfen kann, egal wie lange es dauert? Warum erkennen Sie nicht an, dass Gott derjenige ist, der Ihnen ermöglicht, sogar den kleinen Job zu machen, den Sie heute haben? Sagen Sie Dank für Ihr Gehalt zur Ernährung Ihrer eigenen Person und der Menschen, für die Sie verantwortlich sind! Fangen Sie an, Gott als Ihren Versorger zu betrachten und vertrauen Sie auf Ihn! Lassen Sie es Ihn wissen, indem Sie Ihm in Ihren Gebeten danken! Scheuen Sie sich nicht!

> Lassen Sie niemals zu, dass das Wenige, was Sie haben, Sie daran hindert zu glauben, dass Gott es vermehren kann um zum Segen zu werden.

Danken Sie Gott für das wenige, das Sie haben und lassen Sie Ihn es vervielfachen, so dass Sie für diejenigen sorgen können, für die Sie verantwortlich sind. Vergessen Sie nicht die Brotvermehrung, die wir am Anfang lasen! Jesus sagte Dank für die wenigen fünf Brote und zwei Fische, und das Wunder geschah.

Lassen Sie niemals zu, dass das Wenige, was Sie haben, Sie daran hindert zu glauben, dass Gott es vermehren kann um zum Segen zu werden.

Wenn Sie eine Position haben, in der sie mit anderen Menschen arbeiten, warum senden Sie ihnen nicht Dankeskarten als eine Anerkennung der erhaltenen kleinen Hilfe? Dankbar sein für diejenigen, die für und mit Ihnen arbeiten!

Gott kann in jeder Situation eingreifen und diese gut für Sie und für seine Ehre umwandeln. Glauben Sie nur, dass Er Ihnen in der Situation, in der Sie sich befinden, begegnen wird! Beginnen Sie Gott zu danken zumindest für seine Güte und Liebe zu Ihnen!

4. Sagen Sie Dank für Ihre Eltern, Ehepartner und Kinder

a. Sagen Sie Dank für Ihre Eltern

In unserer Generation voller Egozentrik und egoistischen Gewohnheiten neigen Kinder dazu, alle Vorteile zu vergessen, die sie hatten, in einer Familie geboren zu sein. Für diejenigen, die mit Stiefeltern aufwuchsen, ist es auch wichtig anzuerkennen, dass diese Leute für Sie sorgten. Sie sollten dankbar sein und Gott für sie Dank sagen. Es gibt mindestens ein Ding, warum Sie als Gläubiger Gott Dank sagen können. Dies ist für Ihre Eltern, egal wie gut oder schlecht sie sind.

Der Teufel arbeitet härter, um die Struktur der Familie zu zerstören und er ist damit noch nicht fertig. Er wird auch weiterhin, das Band zwischen Eltern und Kindern zerstören wollen. Vergessen Sie nie, dass Ihre Dankbarkeit gegenüber Gott für Ihre Eltern gleichzeitig ein Gebet für ihre Veränderung ist, wenn sie keine guten Eltern sind. Wenn Sie ihnen vergeben und Gott für sie danken, wird Ihr Herz geleitet, um den Segen Gottes für sie zu erbitten. Eine dieser Segnungen wird sein, dass Gott ihre Herzen verändert und sie zur Erkenntnis Jesu Christi bringt. Gott für unsere Eltern dankbar zu sein, ist eine Art sie zu ehren.

Sagen Sie Dank für diese Dinge:
* ihre Liebe zu Ihnen;
* ihre Versorgung, und wie sie für Sie sorgten;
* das Bett, worauf Sie schliefen;
* Ihre Beziehung mit ihnen;
* Fügen Sie Ihre eigenen Gründe hinzu, Gott für Ihre Eltern Dank zu sagen.

b. Sagen Sie Dank für Ihren Ehepartner

Wir bringen alle, ohne Ausnahme, einige unreife Verhaltensmuster in unsere Ehe mit.

Diese Verhaltensweisen, die wir doch noch ändern sollten, um somit unsere Ehe zu verbessern, werden erst offenbar, wenn wir unser eheliches Leben anfangen. Vielleicht wussten wir es sogar zuvor, aber die Realität ist, dass wir uns immer noch ändern müssen, und unser Ehegatte wartet mit seiner Sanftheit und der Gnade Gottes auf unsere Veränderung. Sie beten und erwarten, dass die Veränderung wirksam wird. Nun, es ist so wichtig, dass wir uns Zeit nehmen und anfangen Gott für unsere Ehepartner und seine/ihre Geduld mit uns zu danken.

Es ist einfach, die Fehler anderer zu sehen und zu sagen, dass er sich ändern muss, aber es gibt sicher einen Bereich, wo auch Sie die Gnade Gottes brauchen, um sich zu ändern. Seien Sie Ihrem Ehepartner dankbar für all die Liebe, die er Ihnen trotz Ihrer schlechten Angewohnheit und Ihrer Laune noch erweist! Seien Sie Gott dankbar, dass Er Sie geschaffen hat und Ihnen Ihr Problem durch Ihren Ehepartner zu erkennen gab! Arbeiten Sie fest daran, um eine Atmosphäre der Dankbarkeit und des Lobs in Ihrem Haus zu schaffen! Anstelle von Zorn, Depression und Angst entscheiden Sie sich für Dank und Lob in Ihrem Haus!

> *Dankbar gegenüber und für Ihren Partner zu sein, setzt Frieden und Liebe unter Ihnen frei.*

Mark Driscoll sagte es deutlich in seinem Buch:

Verbringen Sie mehr Zeit damit, Gott für all das zu danken, was Sie von Ihrem Ehepartner haben, anstatt zu suchen, was er oder sie nicht hat oder gibt! Ihre Zuneigung und Zufriedenheit gegenüber Ihrem Ehegatten wird sich erhöhen. (12)

Warum nicht hier verweilen und beginnen, Gott für Ihren Ehepartner zu danken. Wenigstens für Ihre Hochzeit oder den ersten Tag, an dem Sie sich beide kennengelernt haben, oder sogar für das erste Mal, an dem Sie miteinander geschlafen haben? Sicherlich gibt es tief in Ihrem Unterbewusstsein mindestens einen Grund, wofür Sie lernen können, dankbar zu sein. Denken Sie an etwas, seien Sie für diese kleinen Dinge dankbar und Gott wird Ihnen tolle Dinge zeigen, die Ihr Ehegatte macht!

Ich bin für meine Frau und ihre Geduld mit mir so dankbar. Ich habe manchmal die schlechte Angewohnheit, meine Socken irgendwo im Haus liegen zu lassen und sie sammelt sie immer wieder ein. Ich wusste, dass mein Verhalten schlecht war, und ich arbeitete an einer Möglichkeit, in diesem Bereich reifer zu werden. Ich hielt ihre Hilfe nicht für selbstverständlich und suche immer noch einen Weg, um in diesem Bereich und anderen Bereichen mich zu bessern. Der Zweck des Ganzen ist zu wachsen und im Wachsen gebe ich auch meiner Frau eine Gelegenheit Danke zu sagen. Ich sage auch Gott Dank für sie und alle ihre Opfer für mich und für unser Kind.

Dankbar gegenüber und für Ihren Partner zu sein, setzt Frieden und Liebe unter Ihnen frei. Ihr Wunsch, sich gegenseitig zu erfreuen und einander zu lieben, wächst umso mehr, wenn Sie dankbar sind. Ihr Wunsch zu helfen wächst. Während Ihre Liebe zu Ihrem Partner wächst, fängt auch sein/ihr Wunsch an zu wachsen, nämlich Sie zu erfreuen und seine Schwachstellen zu ändern. Als Paar füreinander dankbar zu sein, hilft Ihnen, den gewünschten Sinn zu erfüllen, für den Gott Sie zusammenführte. Unterschätzen Sie nie die Macht Ihres Wortes, wenn Sie „Danke" Ihrem Ehegatten für eine kleine Sache sagen, die er für Sie tut! Unterschätzen Sie nie den Segen, der aus einem Herzen voller Dankbarkeit gegenüber Gott kommt!

Nehmen Sie ein Stück Papier und schreiben Sie alle Dinge auf, wofür Sie Ihrem Ehegatten dankbar sind! Lassen Sie es ihn lesen und werden Sie mit ihm einig, Gott dafür zu danken!

Ich bin jedes Mal so dankbar dafür, wenn meine Frau mir erzählte, wie sie die kleinste Sache schätzt, die ich zu Hause tat. Ich bin nicht perfekt, aber ich arbeite daran, besser zu werden und ihr besser zu dienen. Christus tat das Gleiche für uns und erwartet von mir, dass ich das Gleiche für meine Frau tue. Ihr Ehepartner und Ihre Kinder sind die wichtigsten Personen in Ihrem Leben. Es ist wichtig, dies zu erkennen und zu danken, dass Er sie Ihnen gegeben hat. Nehmen Sie es nicht für selbstverständlich an, dass sie noch am Leben, sicher und gesund sind, und mit ihnen oder getrennt leben können! Danken Sie Gott für die Situation, in der Sie leben!

1. Sagen Sie Dank für seine Liebe zu Ihnen!
2. Sagen Sie Dank für seine geistliche und körperliche Gesundheit!
3. Sagen Sie Dank für die Zeit, wo Sie miteinander ausgingen und dann heirateten!
4. Sagen Sie Dank für die Jahre, die Sie schon zusammen gelebt haben!

5. Sagen Sie Dank für alle schlechten Dinge, die Sie zusammen durchgemacht haben!
6. Sagen Sie Dank für die tollen und fantastischen Momente, die Sie zusammen erlebt haben!
7. Sagen Sie Dank für alles, was Sie an Ihrem Partner lieben!
8. Sagen Sie Dank für alles, was Sie an Ihrem Partner hassen (weil Gott es ändern kann und indem Sie Dank sagen, erkennen Sie die Herrschaft Gottes und seiner Fähigkeit an, in diesem Bereich zu wirken)!
9. Sagen Sie Dank für alle Tätigkeiten, die Sie zusammen genießen!
10. Sagen Sie dafür Dank, wo Sie beide leben!
11. Sagen Sie Dank für Ihr sexuelles Leben und alles, was Sie dort erfahren!
12. Sagen Sie als ein Mann Dank für jedes Mal, wenn Sie Ihre Frau sexuell befriedigen können! (Haben Sie als Mann jemals für die Möglichkeit Danke gesagt, mit Ihrer Frau sogar für eine Sekunde Geschlechtsverkehr zu haben?)
13. Sagen Sie als Frau Dank für das Geschenk der Sexualität in Ihrer Ehe!
14. Sagen Sie Dank für die Schönheit und Stärke Ihres Partners!
15. Sagen Sie Dank für die Verwandten Ihres Partners!
16. Sagen Sie Dank für alle Orte, die Sie bereits zusammen besichtigt haben!
17. Sagen Sie Dank für Ihre Unterschiede, Stärken und Schwächen!
18. Sagen Sie Dank für das Selbstbewusstsein Ihres Partners und seiner Vergangenheit und Zukunft, weil Sie sich auch damit weiterentwickeln und sehen, was Gott dadurch tun wird!

19. Sagen Sie Dank für die kleinsten Dinge, die Ihr Ehepartner für Sie gestern oder in dieser Woche oder im letzten Monat getan hat!

20. Sagen Sie Dank zu Gott für irgendetwas, was ich versäumt habe, in diese Liste zu schreiben!

Ich glaube, dass Sie mindestens einen Grund finden können, warum Sie für Ihren Ehepartner dankbar sein können, selbst wenn es nur die Fähigkeit ist, rechtzeitig nach Hause zu kommen oder mit Ihnen zu essen. Was sind einige der Gaben, Stärken, Schwächen und Berufungen im Leben Ihres Ehepartners?

Während Sie dieses Buch lesen, machen Sie bitte eine Pause, schreiben Sie mindestens fünf Stärken und fünf Schwächen Ihres Partners auf und beginnen Sie, Gott dafür zu danken!

Sie fragen sich sicherlich, wie Sie für Schwächen Dank sagen können, gewiss können Sie es. Indem Sie Gott für Schwächen im Leben Ihres Ehegatten danken, laden Sie Gott ein, sich um diese Schwächen zu kümmern und sie zu Stärken werden zu lassen. Dasselbe gilt für die Stärken Ihres Ehegatten. Gott wird diese kräftigen, damit sie noch stärker werden.

Um Ihnen dabei zu helfen, einige der Schwächen und Stärken ihres Ehegatten zu entdecken, folgen hier einige Bereiche, die Sie berücksichtigen müssen:

1. Gefühle
2. Spiritualität
3. Haushalt
4. Finanzen
5. Sexualität
6. Selbstbeherrschung
7. Sozialkompetenz
8. Kinder
9. Arbeit

Zu danken und es Ihrem Ehegatten gegenüber auch auszusprechen, wird eine friedliche Atmosphäre in Ihrem Haus schaffen. Wie wir gelernt haben, wissen wir, dass der Teufel mit seiner ganzen Macht versucht, den Frieden in jedem Haushalt zu zerstören. Da wir es wissen und Gott füreinander und miteinander Dank sagen, bekämpfen wir somit die Arbeit des Teufels.

Drücken Sie Ihrem Ehegatten Ihre Dankbarkeit in einer schriftlichen Form aus, unabhängig davon, wie Ihre Ehe zurzeit ist!

Jetzt wo Sie fünf Stärken Ihres Ehegatten kennen, warum bitten Sie nicht Gott, Ihnen noch mehr zu zeigen, so dass Sie ein Segen sein können, indem Sie dies Ihrem Partner gegenüber ausdrücken. Kaufen Sie einige schöne Karten und drücken Sie Ihre Dankbarkeit dadurch aus! Verwenden Sie die aufgeführte Liste mit den neun Bereichen und schreiben Sie in einer lebendigen Sprache und einem freudigen Herzen Ihrem Ehegatten gegenüber Ihren Dank auf!

Finden Sie etwas über Ihren Ehegatten und fangen Sie an, Gott dafür zu danken! So werden Sie einen besonderen Segen erhalten. Warum nicht die Hände als Paar zusammenhalten und Zeit miteinander verbringen, nur um Gott füreinander zu danken?

Lassen Sie Ihren Ehegatten diesen Teil lesen und fangen Sie jetzt an, für die gemeinsamen Jahre dankbar zu sein.

c. Sagen Sie Dank für Ihre Kinder
(falls Sie welche haben)

Meine Tochter wird bald in den Kindergarten gehen, deshalb muss ich ihr ein paar Sachen kaufen, die sie brauchen wird. Sie sagte mir, dass sie einen Fahrradhelm und eine Schultasche braucht. Ich versprach ihr, beides für sie zu kaufen, aber der wichtigste Teil der Geschichte ist, dass sie einigen Kindern immer Folgendes erzählte: "Mein Vater wird mir einen Fahrradhelm und eine Tasche kaufen". An dem Tag, an dem ich das hörte, war ich so glücklich zu wissen, dass meine Tochter mit ihrem ganzen Herzen daran glaubt, dass ich sie als ihr Vater damit versorgen werde, was auch immer sie benötigt. Ihre Kinder sehen Sie die meiste Zeit als Quelle, die ihre Bedürfnisse befriedigen wird. Auf dieselbe Art müssen Sie Gott als Ihren Versorger betrachten. Ist es

> Arbeiten Sie fest daran, um eine Atmosphäre der Dankbarkeit und des Lobs in Ihrem Haus zu schaffen! Anstelle von Zorn, Depression und Angst entscheiden Sie sich für Dank und Lob in Ihrem Haus!

nicht interessant, Gott zumindest dafür zu danken, dass unsere Kinder wissen, wir werden für sie sorgen, weil wir sie lieben? Ist es nicht interessant zu wissen, dass Gott Sie versorgen wird, weil Sie Gottes Kind sind? Er wird Ihre Bedürfnisse befriedigen, und Sie werden dafür genauso dankbar sein, wie Sie über Ihr dankbares Kind glücklich sind.

Kinder sind ein Geschenk des Herrn, mit ihnen belohnt Er die Seinen.
Psalm 127,3 Gute Nachricht Bibel

Ist es nicht interessant, dass Gott Sie mit diesen Kindern, die sie haben, belohnt? Nun, warum betrachten Sie eine Belohnung als eine Last, anstatt Ihm für diese Segnungen, die Er in Ihr Leben ausgoss, zu danken?

Kinder sind für Sie ein SEGEN von Gott.

1. Sagen Sie Gott Dank, dass Er Sie fand und für Sie entschied, Kinder zu haben!
2. Sagen Sie Gott Dank, weil diese Kinder Geschenke von Ihm sind!
3. Sagen Sie Gott Dank für die Beziehung, die Sie mit ihnen haben!
4. Sagen Sie Gott Dank für ihren Glauben (selbst wenn sie von Gott weglaufen)!
5. Sagen Sie Gott Dank für alle ihre Träume und Ihre Hoffnung für sie!
6. Sagen Sie Gott Dank für alle diejenigen, die ihr Leben beeinflussen!
7. Sagen Sie Gott Dank für ihre Freunde, die Sie kennen!
8. Sagen Sie Gott Dank für die Ausbildung, die sie bereits haben, und was sie in der Zukunft machen werden!

Es ist der Wille Gottes, Ihm für Ihre Kinder zu danken.

Ich denke, wir leben in einer Zeit, wo undankbare Menschen glauben, dass es keinen Grund gibt, dankbar zu sein. Sie sind undankbar für ihre Eltern, die sie ernährten, oder für ihre Kinder, die sich sehr bemühen, den Vorstellungen der Eltern zu entsprechen, oder für ihren Ehepartner, der sein Bestes tut, um ihnen eine Freude zu machen und ein Segen zu sein. Und dasselbe gilt für Eltern, die für ihre Kinder und für die Bemühungen ihrer Kinder nicht dankbar sind. Sie glauben, sie hätten in ihrem Alter mehr tun können. Anstatt Ihre Kinder mit Ihren Wörtern zu tadeln und ihre Seelen zu zerstören, fangen Sie an, „Danke" für das Kleinste zu sagen, dass sie bereits können!

Glauben Sie an Gott, der Ihnen diese Kinder, diesen Ehepartner und dessen Eltern gab. Wenn Sie für sie beten und für sie dankbar sind, danken Sie auch ihnen, wenn Sie ihre kleinen Bemühungen anerkennen.

Wäre es jetzt nicht angebracht, auf einem Stück Papier mindestens zehn Dinge zu schreiben, wofür Sie Gott bezüglich Ihrer Kinder dankbar sind? Nachdem Sie es getan haben, rufen sie doch Ihre Kinder an und lassen Sie sie wissen, dass sie für einige Dinge dankbar sind, die sie taten und tun.

„Ein wichtiger Schritt zum Lobpreis Gottes ist es, unsere Augen von der bedrohlichen Situation ab- zuwenden und stattdessen Gott anzusehen." (13)
Merlin Carothers

5.   Sagen Sie Dank für Ihre Gemeinde

Ist es nicht toll, dass Gott Sie errettet hat? Anstatt Sie als Waisenkind zurückzulassen, das in der Welt verloren ist. Er gab Ihnen eine Familie von Gläubigen, mit denen Sie Gemeinschaft haben können. Ich halte nichts davon, wenn Menschen, die sich Christen nennen, glauben, dass sie ihren christlichen Glauben allein leben können, ohne Gemeinschaft mit anderen Christen zu haben. Es ist so leicht, Gemeinden und Leitungen von Gemeinden zu kritisieren, aber wenn Sie anfangen, Gott für die Gemeinde zu danken, wo Sie Ihre geistliche Nahrung erhalten, werden sich viele Dinge in Ihrem Leben ändern. Gott hat Ihnen nicht nur Jesus Christus als Erlöser gegeben, sondern auch einen Ort, wo sich Leute versammeln, die Jesus Christus lieben.

Er gab Ihnen Geschwister im Glauben.

Er gab Ihnen Pastoren, Älteste und Diakone.

Er gab Ihnen Lobpreis- und Anbetungsleiter und Sänger.

Können Sie sich entscheiden, Gott heute – den ganzen Tag lang – nur für Ihre Gemeinde zu danken?

1. Danken Sie Gott für den Ort, wo Sie mit anderen Gläubigen Gottesdienst feiern!
2. Danken Sie Gott für die Pastoren oder Leiter dieser Gemeinde!
3. Danken Sie Gott für das ganze Leitungsteam (Diakone, Prediger, Älteste ...)!
4. Danken Sie Gott noch einmal für das ganze Leitungsteam der Gemeinde, zu der Sie gehören! Wenn

Sie für sie beten, nennen Sie bitte vor Gott ihre Namen, einen nach dem anderen!

5. Danken Sie Gott für den Lobpreisleiter und alle Lobpreisgruppen! (Warum nennen Sie sie nicht namentlich, wenn Sie Gott danken, für deren Leben und wie sie die Gemeinde in die Anbetung führen?) Vielleicht mögen Sie nicht, wie sie es tun und Sie glauben, dass es eine bessere Methode gibt, Lieder in der Gemeinde zu leiten! Danken Sie Gott zunächst für das, was jetzt von den Lobpreisleitern getan wird!

6. Danken Sie Gott für alle Hauskreise (Gebetsgruppen), die Ihre Gemeinde hat und wo Sie Gottesdienst feiern!

7. Danken Sie Gott für alle Besucher, die zu Ihrer Gemeinde kommen! Und schauen Sie, wie Gott ihnen begegnen wird, während Sie das in Ihrer Gemeinde gepredigte Evangelium hören!

8. Danken Sie Gott für Seinen Geist, der sich in Ihrer Gemeinde regt!

9. Danken Sie Gott für alles, was Sie an Ihrer Gemeinde, Ihrem Gemeindeleiter und anderen nicht mögen!

10. Danken Sie Gott für die Stellung, die Sie in der Gemeinde haben!

11. Danken Sie Gott für alles, was ich hier nicht erwähnt habe!

Fangen Sie jetzt an, für Ihre Gemeinde Dank zu sagen! So wie ein dankbares Gemeindeglied sollte auch ein Pastor den Schritten des Paulus in der Bibel folgen und anfangen, Gott für die Gemeinde dankbar zu sein, in der er als Pastor tätig ist.

Schreiben Sie die Namen der folgenden Personen aus der Gemeinde auf:

- Älteste
- Diakone
- Leiter
- Sänger
- Ordner

Schreiben Sie die Namen und die Familienmitglieder derjenigen auf, die mit Ihnen leiten, und fangen Sie an, Gott für sie zu danken! Danken Sie Gott für alles, was sie tun, selbst wenn Sie es nicht sehen! Danken Sie wenigstens Gott dafür, dass sie Ihnen beistanden! Lehren Sie alle Leiter Ihrer Gemeinde, für alle ihre Gemeindemitglieder dankbar zu sein und die Mitglieder zu sehen, wie Christus sie sieht.

„Vater mit dankbarem und demütigem Herzen kommen wir vor Dich. Wir danken Dir für all die Vorteile, die wir von Deiner Güte erhalten. Deinem Segen schulden wir unseren Erfolg. Jede Gelegenheit Gutes zu tun, jeder Sieg, den wir über uns errungen haben, jedes Wissen um deine Gegenwart, sind auch deine Geschenke an uns. Die beste Dankbarkeit, die wir Dir geben können, ist nach Deinem heiligen Willen zu leben." (14)

Michael Seiler

6. Sagen Sie Dank für Ihren Arbeitsplatz

Ich bin mir sicher, dass Sie wie viele andere Menschen keine Freude an Ihrer Arbeit oder Ihren Arbeitskollegen haben. Haben Sie schon einmal daran gedacht, dass Er für Sie einen Plan hat als Kind Gottes an Ihrem Arbeitsplatz? Haben Sie schon einmal daran gedacht, dass Er will, dass Sie als Kind Gottes Ihm für Ihre Arbeit, Ihre Kollegen und Ihr Gehalt danken?

Sicher werden Sie fragen, ob ich weiß, wie schlimm Ihr Chef sein kann? Vielleicht achtet er nicht auf die Überstunden, die Sie für die Firma leisten. Sie werden mich sicher fragen, ob ich weiß, wie wenig einige Ihrer Kollegen Sie lieben und sie tun alles, um Ihren Aufstieg in dieser Firma zu verhindern. Ich kann mir vorstellen, wie erbärmlich Ihr Leben ist, seitdem Sie in dieser Firma sind. Nun glaube ich, dass der Wille Gottes für Sie ist, Ihm in allem Dank zu sagen. Sie loben Ihn, weil Sie glauben, dass Gott Sie liebt und für Sie sorgt. Sie loben Ihn, weil Sie wissen, dass Er für Sie sogar am dunkelsten Ort Ihrer Firma sorgt. Heute wollen wir den ganzen Tag anfangen, Gott für unseren Arbeitsplatz zu danken, egal was wir bei der Arbeit erleben! Sie können zwar nicht wissen, welche Veränderung es in Ihrem Leben und an Ihrem Arbeitsplatz bewirken kann, aber Gott weiß es.

1. Danken Sie Gott für Ihre Arbeit und genau das, was sie täglich im Leben tun!
2. Danken Sie Gott für Ihren Chef!
3. Danken Sie Gott für Ihr Gehalt, selbst wenn Sie es nicht laufend bekommen!
4. Danken Sie Gott für Ihre Kollegen (es wäre gut, wenn Sie sie nennen würden)!

5. Danken Sie Gott für den Ort, wo Sie an Ihrem Arbeitsplatz sitzen!
6. Danken Sie Gott für alle Situationen, denen Sie aktuell an Ihrem Arbeitsplatz begegnen!
7. Danken Sie Gott für Seinen Plan für Sie in dieser Firma!
8. Danken Sie Gott für diejenigen an Ihrem Arbeitsplatz, von denen Sie glauben, dass sie Sie nicht mögen!
9. Danken Sie Gott für die Anzahl der Stunden, die Sie täglich an Ihrem Arbeitsplatz verbringen!
10. Danken Sie Gott für Ihren täglichen Arbeitsablauf!
11. Danken Sie Gott für alles, was Sie zusätzlich für Ihre Firma tun!
12. Danken Sie Gott für alle Träume, die Sie als Angestellter für Ihre Firma haben!
13. Danken Sie Gott für alles, worüber ich nicht gesprochen habe!

„Wenn Chrisen mit Lobpreis und Dankbarkeit aufhören, haben sie eigentlich das Ziel verfehlt: Wahre Anbetung – welche nicht eine Äußerung, sondern eine Haltung ist. (15)

Derek Prince

Nun haben wir gelernt, dass der Himmel in Ihrem Herzen und Leben offen steht, wenn Sie anfangen zu danken für die wenigen Dinge, die Sie haben. Im Leben ist es wichtig, die Dinge zu kennen, die einen hindern können, das zu genießen, was man genießen möchte und sollte. Bei diesem neuen Lebensstil ist es wichtig zu wissen, welche Ihre größten Feinde sind, damit Sie sich vorbereiten können, gegen sie zu kämpfen und weiterhin einen gesegneten Lebensstil zu führen.

Kennzeichen von Menschen, die ihre Zeit damit verbringen, sich ein Herz voller Undankbarkeit aufzubauen, sind:

- Habgier
- Nörgelei
- Undank

um nur ein paar zu nennen.

1. Habgier

Gierige Menschen sind vor allem selbstsüchtig. Sie denken nur an ein Ding, nur an sich selbst. Sie sehen nie die Bedürfnisse der anderen. Sie sind unfähig zu erkennen, dass das, was sie haben, nicht von ihrer Stärke und Leistungsfähigkeit kommt.

Wenn eine Person von Habgier erfüllt ist, sieht sie sich selbst als die Quelle von allem, was sie besitzt, und das ist gegen den Willen Gottes, der die Quelle von allem, was wir haben, ist. Wir sollten Ihn in allem würdigen.

Wenn Habgier überwunden werden soll, muss sie mit dem Wunsch beginnen anzuerkennen, dass es einen Gott gibt, der mächtiger ist als man selbst. Es ist auch wichtig für den Habgierigen anzufangen, die Bedürfnisse der anderen zu sehen und ihnen zu helfen, weil er erkannt hat, dass das, was er hat, ein Geschenk Gottes ist.

2. Nörgelei

Als das Volk Israel Ägypten verließ, war es auf dem Weg in das Gelobte Land, aber es hatte immer einen Grund, unzufrieden zu sein. Sie hatten das Wunder und die Hand Gottes in ihrem Leben gesehen, aber sie fanden immer einen Anlass, undankbar zu sein. Sie hatten immer einen Grund, warum es ihnen nicht gut ging. Sicherlich wissen Sie das: Es gibt Menschen, die die Angewohnheit haben, sich immer als diejenigen zu sehen, die nichts hatten, die nichts Gutes im Leben bekamen, und die nichts haben.

Ein nörgelndes Herz ist ein Herz voller Undankbarkeit und solch einem Herzen mangelt es an Glauben. Ohne Glauben ist es unmöglich, Gott zu gefallen. So wie wir uns entscheiden, das Nörgeln in unserem Herzen Wurzeln schlagen zu lassen, entscheiden wir uns, uns Gott zu widersetzen. Ständiges beklagen ist ein Hindernis für ein Leben der Dankbarkeit. Es kann geheilt werden, wenn

> Ein nörgelndes Herz ist ein Herz voller Undankbarkeit und solch einem Herzen mangelt es an Glauben.

wir anfangen aufzuzählen, was Gott bereits für uns getan hat, egal wie unsere Situation sein mag.

Zählen Sie die Segnungen Gottes in Ihrem Leben, schreiben Sie sie auf und beginnen Sie, Gott dafür zu danken. Dies wird die Atmosphäre ändern und den Mangel an Zufriedenheit entfernen und Ihr Herz wird mit Lob und Dank erfüllt sein. Wenn Sie mehr darüber lesen wollen, wie das Nörgeln für Israel in der Wildnis zum Verhängnis wurde, lesen Sie bitte das ganze 14. Kapitel von 4. Mose.

Wenn die Feinde der Dankbarkeit kommen, um Sie zu zerstören, werden diese Ihr Herz zu einem undankbaren Herzen verwandeln. Auch wenn alles in Ihrem Leben schief läuft, sollte Ihre Dankbarkeit gegenüber Gott sich nicht durch eine negative Situation beeinflussen lassen. Gott kümmert sich um Sie.

Gott allein weiß, wie Er für Ihr Leben sorgt. Es hängt von Ihm alleine ab. Eins ist aber sicher, Seine Liebe für Sie ist nicht davon abhängig, was Sie getan haben, sondern es hängt vom Blut Jesu Christi ab, das Sie gereinigt hat und von Jesus Christus der für Sie betet und Sie liebt.

3. Undankbarkeit

Nachdem Sie vom dankbaren Herzen gelesen haben, lasst uns das Gegenteil davon betrachten:

* *Dankbarkeit ist eine besondere Tugend. Aber Undank steht der Dankbarkeit entgegen. Daher ist Undank eine besondere Sünde.*
   Thomas von Aquin (1225-1274) Italienischer Priester, Philosoph und Theologe.

- *Lernen Sie zu schätzen, was Sie haben, bevor die Zeit schätzen lässt, was Sie hatten.*
  Autor unbekannt.

- *Undankbarkeit ist ungeheuerlich.*
  William Shakespeare (1564-1616) Englischer Dramatiker & Dichter. Von: Coriolan, Act 2 Szene 3

- *Undankbarkeit ist das wirkliche Gift der Menschheit.*
  Sir Philip Sidney (1554-1586), Englischer Dichter, Höfling & Soldat.

- *Ein undankbarer Mensch ist einem Schwein ähnlich, der unter einem Baum Eicheln frisst, aber nie nach oben schaut, wo sie herkommen.*
  Timothy Dexter.

Wir sprachen darüber, Gott Dank zu sagen. Wie können wir Gott Dank sagen, wenn wir nicht lernen, unseren Mitmenschen Danke zu sagen? Undankbarkeit ist eine der Wurzeln vieler Probleme in den Herzen der Menschen.

Praktische Tipps

1. Meine Erfahrung nach dem Schreiben

Nachdem ich dieses Buch fertig geschrieben hatte kam ich zu einem Punkt in meinem Leben, an dem ich tief am Boden war.

Vorweg: Elf Tage vor meinem 30. Geburtstag, wurde ich ins Krankenhaus wegen starker Kopfschmerzen und Bluthochdruck eingewiesen. Es war eine schwierige und verheerende Situation für mich. Ich musste noch lernen, mich auf Gott zu konzentrieren und Ihm Dank sagen.

Die Situation war schwierig, weil ich einerseits eine Pause von allem machen musste und ich mich für eine lange Zeit ausruhen musste. Dies bedeutete, dass wir unsere Ausgaben aufgrund meines niedrigeren Einkommens senken mussten. Andererseits war es verheerend, weil ich mich nicht so produktiv sah, wie ich es wünschte! Aber die Barmherzigkeit Gottes ist in meinem Leben jeden Tag neu.

In solch einer Situation Danke zu sagen, ist so schwierig. Sie brauchen einige Menschen voller Liebe, um Sie an alle großen Dinge zu erinnern, die Gott bereits in Ihrem Leben gemacht hat. Glauben Sie nicht, dass dieses Buches über die Dankbarkeit zu schreiben bedeutet, dass ich bereits darin gut bin! Ich lerne immer noch und muss auch an alle guten Dinge erinnert werden, die Gott für mich getan hat. Lasst uns daran erinnern, dass wir die Wunder und großen Werke Gottes in unserem Leben festhalten, um uns zu erinnern, wer Gott ist. Das wird uns auch helfen, einen Grund zu haben, Dank zu sagen und zu merken, wie Er den Himmel öffnet und für uns sorgt. Gott versorgt uns und

Er liebt es, uns seine Liebe zu schenken. Wir sollten nicht in unserem Leben zu dem Punkt kommen, wo wir wie Gideon sagen:

> »Ach, Herr«, entgegnete Gideon, »wenn der Herr mit uns ist, warum ist uns dann all das passiert? **Wo bleiben die Wunder, von denen unsere Vorfahren uns erzählten?** Sagten sie nicht: `Der Herr hat uns aus Ägypten herausgeführt´? Jetzt hat der Herr uns verlassen und an die Midianiter ausgeliefert.«
> **Richter 6,13 Neues Leben** [eigene Hervorhebung]

Gott ist immer noch bereit, Sie so anzunehmen und aus Ihnen ein Zeugnis in Ihrer Generation zu machen. Er will durch Ihr Leben denjenigen, die Ihn nicht kennen, zeigen, dass Er für Sie sorgt und Sie liebt, egal wie die Situation in Ihrem Leben sein mag. Er liebt Sie und Er ist froh, dass Sie zu seinem Thron der Gnade kommen und die Antwort auf Ihre Gebete erhalten, während Sie Ihm Ihr Dankopfer geben.

Dieses Buch wurde geschrieben, um Sie an die Notwendigkeit der Dankbarkeit in Ihrem täglichen Leben zu erinnern. Egal was Sie durchmachen, es gibt sicher einen Grund, Gott Dank zu sagen. Wir beten, dass Gott Ihnen weiterhin, all die großen Dinge, die Er in seinem Wort und in Ihrem Leben gemacht hat, aufzeigt und Sie sehen lässt. Hören Sie auf, sich über Dinge zu sorgen! Fangen Sie an, Gott für etwas Dank zu sagen! Möge der Heilige Geist Gottes Sie erinnern, wer Gott ist, was Er tun kann, was Er tut und wie Er für Sie sorgt. Hören Sie auf, sich Sorgen über Geld zu machen! Gott sorgt für Sie, sagen Sie Ihm Dank.

Nun bevor wir dieses Buch schließen, möchte ich Sie herausfordern, die nächsten sieben oder dreißig Tage damit zu verbringen, nur Gott für alles zu danken, was in Ihrem Leben geschehen ist oder geschieht oder geschehen könnte. Wie die meisten Menschen haben Sie sicherlich viele Dinge aus der Vergangenheit, die Sie zurückhalten und daran hindern vorwärts zu gehen. Sie haben bestimmt viele Schwierigkeiten, Misserfolge, Entmutigungen und Herausforderungen gehabt. Wenn diese sieben oder dreißig Tage der Dankbarkeit vorbei sind, nehmen Sie bitte ein Stück Papier und schreiben Sie alle Dinge auf, die Sie nicht erreicht haben oder die Sie in Ihrer Vergangenheit erreichen wollten! Schreiben Sie einfach alles auf, was Ihnen einfällt, sobald es Ihnen in den Sinn kommt! Verbringen Sie Zeit damit, Gott zu danken!

Sagen Sie Dank und lassen Sie nicht zu, dass der Teufel Sie an die Fehler Ihrer Vergangenheit erinnert! Denn Sie kennen sie schon, also danken Sie Gott dafür und erlauben Sie nicht dem Teufel sie zu nutzen, um Sie zu entmutigen. Sie haben viele Herausforderungen bestanden, worauf Sie Ihr Leben gegründet haben! Dies könnten gute oder schlechte gewesen sein. Bringen Sie sie nun vor den Thron Gottes und sagen Sie Ihm Dank für jede Herausforderung! Denn wenn Sie mit diesen Herausforderungen nicht konfrontiert worden wären, hätten Sie sicherlich nicht gelernt, wie Sie Gott heute Dank sagen können. Sagen Sie deshalb Gott Danke! Das ist der Wille Gottes für Sie. Sagen Sie Dank und lassen Sie nicht zu, dass Ihre Vergangenheit Sie daran hindert, auf dieser Erde zu tun, was Gott für Sie bestimmt hat!

Sie wurden von Gott für gute und große Dinge geschaffen. Fangen Sie daher an, Ihm für diese Dinge zu danken, die Sie durch die Kraft Seines Heiligen Geistes tun werden!

Denn wir sind Gottes Schöpfung. Er hat uns in
Christus Jesus neu geschaffen, damit wir zu guten
Taten fähig sind, wie er es für unser Leben schon
immer vorgesehen hat.
Epheser 2,10 Neues Leben

Sie können glücklich sein, weil Sie die Freude des Herrn in Ihrem Leben empfingen. Vergessen Sie nie, dass Gott sich über Israel in der Wildnis nicht gefreut hat, weil sie so undankbar waren! Tun Sie also nichts dergleichen! Seien Sie Gott dankbar und der Himmel wird geöffnet und Ihre Gemeinschaft mit Gott wird gestärkt werden!

Da Gott Sie dazu brachte, dieses Buch bis hierhin zu lesen, können Sie eine Pause machen und Ihm für diese Botschaft der Dankbarkeit zu danken, die Sie gehört haben!

Jetzt möchte ich, dass Sie Folgendes lesen:

Wer mir Dank sagt, bringt mir ein Opfer, das
mich wirklich ehrt. Wer auf dem Weg bleibt, der
erfährt meine Rettung.
Psalm 50,23 Neues Leben

Unterschätzen Sie nie die Liebe Gottes zu Ihnen!

Wenn es nur einen Grund gab, Gott für dieses Buch oder nach dem Lesen Dank zu sagen, sollte dieser Grund die LIEBE GOTTES zu IHNEN sein.

Gott liebt Sie, wo Sie sind und egal wer Sie sind.

2. Dankbarkeit in 30 Tagen

Ich erzählte in dem Buch, dass ich mich entschieden hatte, innerhalb von dreißig Tagen jeden Tag meine Dankbarkeit gegenüber Gott auszusprechen und Ihn dabei um nichts zu bitten, sondern nur dankbar zu sein. Wollen Sie sich mir nicht bei dieser neuen Gewohnheit anschließen und sich um diesen Lebensstil bemühen, während Sie die Liebe Gottes vor Menschen zum Ausdruck bringen?

Vergessen Sie nicht, Dankbarkeit ist ein Muskel, der nur durch Arbeit gestärkt werden kann! Bearbeiten Sie diesen Muskel und sehen Sie das Ergebnis auf lange Sicht!

Warum schreiben Sie nicht die Dinge nieder, wofür Sie dankbar sind? Sprechen Sie es vor Gott aus und erzählen Sie es Menschen!

Meine 30 Tage der Dankbarkeit gegenüber Gott.

1. Tag - Heute danke ich Gott für: **Meine Erlösung** (Schreiben Sie alles über Ihre Erlösung, den Tag des Geschehnisses, die dort anwesenden Menschen, die Umstände...)

2. Tag - Heute danke ich Gott für: **Mein Leben** (Schreiben Sie alles über Ihr Leben auf, Gutes und Schlechtes, und danken Sie dafür...)

3. Tag - Heute danke ich Gott für: **Die Segnungen** in meinem Leben

4. Tag - Heute danke ich Gott für:
Schlechte Dinge, die in meinem Leben geschehen (sind) (Machen Sie eine lange Liste und danken Sie Gott dafür…)

5. Tag - Heute danke ich Gott für:
Meine Finanzen (Auch wenn Sie Schulden haben, danken Sie Gott, der einen guten Überblick über Ihre Finanzen hat, dies wird Ihnen helfen, schuldenfrei zu werden...)

6. Tag - Heute danke ich Gott für:
Meine Eltern (Auch wenn sie die schlimmsten waren, die je gelebt haben, danken Sie Gott für sie und alles, woran Sie sich bei ihnen erinnern können, egal ob gut oder schlecht) Gott ist immer noch das beste Elternteil

7. Tag   -   Heute   danke   ich   Gott   für:
Meine Verwandten und Kinder

8. Tag   -   Heute   danke   ich   Gott   für:
Meine Gesundheit

9. Tag   -   Heute   danke   ich   Gott   für:
Meine Sexualität

10. Tag - Heute danke ich Gott für:
Meine Beziehungen

11. Tag - Heute danke ich Gott für:
Meine Freunde

12. Tag - Heute danke ich Gott für:
Meine Gemeinde

13. Tag   -   Heute   danke   ich   Gott   für:
Mein Leben

14. Tag   -   Heute   danke   ich   Gott   für
Mein Ehepartner

15. Tag   -   Heute   danke   ich   Gott   für:
Meine Arbeit

16. Tag   -   Heute   danke   ich   Gott   für:
Mein Haus / meine Wohnung

17. Tag   -   Heute   danke   ich   Gott   für:
Meine Zukunft

18. Tag   -   Heute   danke   ich   Gott   für:
Meine Vergangenheit

19. Tag - Heute danke ich Gott für:
Meine aktuelle Situation

20. Tag - Heute danke ich Gott für:
Meine Ziele und Träume

21. Tag - Heute danke ich Gott für:
Mein Misserfolg (Sie sagen nicht Dank, weil Sie
Misserfolg mögen, sondern weil Sie aus Ihrem Ver-
sagen gelernt haben, und sicherlich verwendet es
Gott jetzt, um Sie zu leiten.)

22. Tag - Heute danke ich Gott für:

23. Tag - Heute danke ich Gott für:

24. Tag - Heute danke ich Gott für:

25. Tag - Heute danke ich Gott für:

26. Tag - Heute danke ich Gott für:

27. Tag - Heute danke ich Gott für:

28. Tag - Heute danke ich Gott für:

29. Tag - Heute danke ich Gott für:

30. Tag - Heute danke ich Gott für:

Sie haben bestimmt festgestellt, dass es noch leere Zeilen gibt! Damit Sie sich frei fühlen, Ihre eigenen Gründe hinzuzufügen, warum Sie Gott dankbar sind. Tun Sie es jetzt!

- Wenn Sie durch die Annahme dieser Herausforderung gesegnet worden sind, teilen Sie die Botschaft dieses Buches mit anderen und verbreiten Sie die Neuigkeiten über diese neue Gewohnheit, die Sie entwickelt haben!
- Sie können anfangen niederzuschreiben und sich an die Dinge erinnern, die Gott für Sie getan hat, und dankbar dafür sein.
- Sie sollten nicht vergessen, auch für jemanden dankbar zu sein und jemandem dankbar zu sein.

Gott ist glücklich, Ihnen zuzuhören, wenn Sie Ihm sagen, wie dankbar Sie sind, unabhängig von der Situation, in der Sie sich befinden. Ein Merkmal eines dankbaren Herzens ist die Fähigkeit, Ihren Mitmenschen dankbar zu sein. Es spielt keine Rolle, in welcher Lage sie sich befinden, üben Sie, Danke zu sagen! Überlegen Sie, ob dieses Buch für jemand anderes etwas Besonderes sein könnte? Glauben Sie, dass viele lernen sollten, wie sie Gott ihre Dankbarkeit dafür zum Ausdruck bringen, was Gott in Ihrem Leben und in dem Leben anderer tut?

Wenn Sie wirklich daran glauben, teilen Sie bitte den Inhalt dieses Buches mit anderen und lassen Sie mich von Ihnen hören!

Ich möchte sagen: Danke Herr für das, was Du in meinem Leben tust!

Geben Sie Ihr Zeugnis!

Wenn Ihr Zeugnis auf meiner Internet-Webseite sichtbar werden soll, lassen Sie es mich einfach wissen und ich werde es den Lesern freischalten, damit sie auch Gott dafür Dank sagen, was Er in Ihrem Leben tut.

Sie können mir auf Twitter und Facebook folgen.

Lassen Sie mich mit dem folgenden Bibelvers abschließen:

Sagt in allem Dank! Denn dies ist der Wille Gottes in Christus Jesus für euch.
1. Thessalonicher 5,18

Dies ist ein kurzes Zeugnis von einem meiner Freunde:

Als mein Freund Evick sein Medizinstudium in Deutschland beendete, erzählte er mir eine Sache, die ihm widerfahren war. Nach einer seiner Prüfungen bekam er ein Ergebnis, das ihm nicht gefiel. Als er sein Ergebnis ansah und nicht dafür dankbar war, weil es nicht das war, was er erwartet hatte, sprach Gott zu seinem Herzen: „Wenn du für dieses Ergebnis nicht dankbar sein kannst, wie wird es dann, wenn du durchfällst?"

Er sagte mir, dass er bei der nächsten Prüfung trotz vieler Vorbereitungen und Lernen durchgefallen war. Klar, können wir hier sagen, er hat nicht gut genug gelernt! Aber lassen Sie mich Ihnen versichern: Mein Freund ist ein engagierter und fleißiger Student. Er arbeitete hart für sein Medizinstudium. Ich weiß es, ich sah es und ich kann es nur bezeugen. Aber er bestand die Prüfung nicht und trotz dieses Misserfolges lernte er etwas: Gott für alles dankbar sein.

Es ist, wie bereits erwähnt, sehr einfach, dafür dankbar zu sein, wenn das Erwartete geschieht. Aber ich glaube, dass es etwas Gesegnetes in jedem Leben gibt, das die Hilfe Gottes in allem bestätigt, und genau dafür geben Sie Ihm die Dankbarkeit, die Ihm gebührt.

Das zweite Zeugnis

Ich gebe Gott die Ehre für dieses Buch. Ich begann es zu lesen, ohne zu wissen, was Gott für mich auf Lager hatte. Mein Mann und ich hatten früher die Angewohnheit gemeinsam zu beten, aber dann hatten wir aufgehört. Es war mehr als ein Jahr her, dass wir aufgehört hatten, gemeinsam zu beten.

Unser individuelles Gebetsleben war nicht mehr dasselbe. Ich für meinen Teil hatte vor langer Zeit aufgehört zu beten. Aber durch dieses Buch tat Gott etwas Wunderbares in meinem Leben.

Als ich begann das Buch zu lesen, fand ich darin nur Dinge, die ich bereits aus verschiedenen Lehren kannte. Aber sobald ich den Punkt erreichte, wo der Autor erklärt, dass wir für unseren Ehepartner, unsere Arbeitsstelle, unsere Gemeinde und so weiter danken müssen, wurde ich durch den Heiligen Geist berührt und erkannte, wie undankbar ich war. Ich schloss das Buch für eine Weile und ging in mein Zimmer. Dort verbrachte ich eine Stunde und dankte Gott für alles, was mir einfiel, wo Er etwas für mich getan hatte. Es war großartig. Ich schickte eine Nachricht an meinen Mann. In dieser Nachricht sagte ich ihm, dass es gut wäre, wenn wir wieder gemeinsam beten würden. Als er damit einverstanden war, gab Gott uns Seine Gnade und wir verbrachten fast zwei Stunden, in denen wir Gott gemeinsam dankten. Am nächsten Morgen merkten wir, dass etwas in uns geschehen war, und wir waren sehr glücklich für das, was Gott durch dieses Buch getan hatte. Sein Name sei gepriesen! Möge Er weiterhin den Autor gebrauchen, um viele zu segnen.

Dr. Aline Fokam-Katehe / Kamerun

Helfen Sie mir, diese Botschaft in die Hand so vieler Menschen wie möglich zu drücken!

Wenn Sie ledig sind und Sie dadurch gesegnet wurden, sprechen Sie über dieses Buch mit anderen, und geben Sie es sogar als Geschenk weiter!

Wenn Sie ein(e) Ehemann/-frau sind, kaufen Sie einige Exemplare und verteilen Sie sie an andere Paare, die Sie kennen!

Wenn Sie ein Gemeindeleiter sind, kaufen Sie so viele Exemplare wie möglich, geben Sie sie so vielen Menschen wie möglich und teilen Sie die Gedanken mit Ihrer Gemeinde und anderen Leitern!

Ich möchte von Ihnen und Ihrem Zeugnis hören, wie Ihre Erfahrung war, als Sie anfingen, Gott Danke zu sagen.

Teilen Sie Ihr Zeugnis auf Facebook mit!

Danksagung

Dank besonders denjenigen, die mir in vielerlei Hinsicht geholfen haben, dieses Buch herauszubringen oder die Dankbarkeit zu erlernen:

Meiner schönen Frau und Freundin Helga, die mich all die Jahre ermutigt und mir geholfen hat zu sehen, dass es mindestens einen Grund gab, wofür ich Gott dankbar sein sollte. Vielen Dank für dein Opfer!

Meinen Freunden Numfor Neba, Godlove und Johnson, die mir den Rücken stärkten und mir in der Vergangenheit geholfen haben, zu sehen, wie groß Gott ist.

Nina Kayo-Tsumbu und Helga Kaden für die Übersetzung und Lektorat.

Meiner Schwester Dr. Aline Fokam Ketehe, die mir bei der ersten Korrektur dieses Buches geholfen hat.

Meinen Freunden Distel Kenye und Evick die mich bei diesem Projekt unterstützt haben.

Ruvini und Nicki Howells, die viele Stunden opferten, um dieses Buch herauszugeben.

Meinem Freund Jude Bonsi Kamtchuang, der mir viele Einblicke und Ermutigungen gab.

Vielen Dank für eure Gebete und Unterstützung!

Lassen Sie uns gemeinsam Gott danken für alles, denn das ist sein Wille für uns!

Sagt in allem Dank! Denn dies ist der Wille Gottes in Christus Jesus für euch.
1. Thessalonicher 5,18

Landry's Biographie

Landry „Glaubemann", wie ihn viele kennen, wurde Christ als er 6 Jahre alt war und am selben Tag ohne äußeren Druck getauft.

Er ist mit seiner hübschen Frau verheiratet und gemeinsam haben sie eine Tochter. Sie dienen gemeinsam in ihrer Gemeinde.

Du kannst Landry hier kontaktieren:

Tel: 0162 520 76 77

Email: landry@glaubemann.de

Internet: www.glaubemann.de

Facebook: www.facebook.com/glaubemann

Twitter: @glaubemann

Literaturverzeichnis

1. **Carothers, Merlin.** *Power in praise (Seite 2).* United States of America : Merlin R. Carothers, Escondido, CA, 1972..

2. —. *God's secret weapon (Seite 63).* United States of America : Merlin R. Carothers, Escondido, CA, 2008.

3. **Prince, Derek.** *Entering the presence of God (Seite 19).* Charlotte, North Carolina : Derek Prince Ministries, International, 2007.

4. **Carothers, Merlin.** *God's secret weapon (S. 42).* United States of America : Merlin R. Carothers, Escondido, CA, 2008.

5. **Henry, Matthew.** http.//biblecommenter.com/daniel/6-10.htm. [Online]

6. **Carothers, Merlin.** *God's secret weapons (Seite 78).* United States of America : Merlin R. Carothers, Escondido, CA, 2008.

7. —. *God's secret weapon (Seite 63).* United States of America : Merlin R. Carothers, Escondido, CA, 2008.

8. —. *God's secret weapon (Seite 64.* United States of America : Merlin R. Carothers, Escondido, CA, 2008.

9. **Ziglar, Zig.** *Bekannter US-Schriftsteller, Motivationsredner, Verkaufsexperte und wiedergeborener Christ.*

10. **Carothers, Merlin.** *Power in Praise (Seite 21).* United States of America : Merlin R. Carothers, Escondido, CA, 1972.

11. **Prince, Derek.** *Entering the presence of God (Seite 16).* Charlotte, North Carolina : Derek Prince Ministries, 2007.

12. **Driscoll, Mark.** *Real Marriage (Seite 154)* USA, Tennessee Nashville Thomas Nelson, 2012.

13. **Carothers, Merlin.** *Power in Praise (Seite 16).* United States of America : Merlin R. Carothers, Escondido, CA, 1972.

14. **Seiler, Michael.** *Prayer Power, Unlimited von J. Oswald Sanders (Seite 22).*

15. **Prince, Derek.** *Entering the presence of God (Seite 21).* Charlotte, North Carolina : Derek Prince Ministries, 2007.